마음지기 삶

현대인의 삶을 돕는 상담심리사의 지혜

구미리암 지음

쿰란출판사

머리말

그동안 <중앙일보> 전문가 칼럼란에 쓴 글을 모아 책을 내자는 제의를 받고도 실지 책을 내기까지는 참 시간이 많이 걸렸다. 그동안 바쁘다는 핑계로 합리화하면서 머리말을 쓰지 못했지만 사실은 다른 이유가 있었다. 부족한 글들이 책으로 엮어지면 빼도 박도 못하고, 너무나 선명하게 못난 점이 들킬 것이고 판단받을 것이라는 두려움 때문이었다. 덕분에 컴퓨터 앞에 앉는 데만 몇 개월이 걸렸다. 이미 신문에 실려서 많은 사람들이 읽은 것들을 사람들이 읽는다는 것이 두려웠다는 게 이상하게 들릴지 모른다.

나를 비롯해 전능하신 하나님을 믿으면 불가능이 없다고 믿는 사람들도 심리적인 역동 앞에서는 참 무력할 때가 많다. 마음(생각)은 원이로되 육신이 약한 것(행할 수 없는 것)은 무의식에 일어나는 많은 역동들 때문이다. 많은 사람들이 무의식의 역동 때문에 해야 할 일을 하지 못하고 사랑할 사람들을 사랑하지 못하면서 삶을 허비한다. 중요한 관계를 형성하지 못하거나, 심적 고통이 육체적인 형태(심인성 질환)로 나타나기도 한다. 잘 믿고자 하는 사람들은 평강이 없는 자신과, 결심했으나 행하지 못하는 자신을 보면서 믿음이 부족한 것으로 착각하고 죄책감에 시달리기도 한다.

나 자신 속에 있는 두려움을 깨달으면서 처음 칼럼을 쓰게 된 동기를 생각했다. 칼럼을 쓴 동기는 인간은 귀한 삶을 살 권리가 있고 귀한 삶을 살 기회는 자신이 만드는 것이라는 것, 그리고 그러기 위해서는 심리적, 정서적 치유가 필요하다는 것을 알리는 것이었다. 특히 신앙인들에게 자신들이 겪는 많은 문제들이 믿음의 문제도 아니고 사탄이 역사하는 것도 아니라는 것을 알게 해주고 싶었다. 무의식의 엄청난 영향과 다양한 정서적이고 정신적인 고통의 증상들을 알려 주어 삶의 변화를 인도하고 삶이 보다 풍성해지게(요 10:10) 만들자는 것이었다. 진리가 자유를 가능하게 한다. 고통의 진실을 깨닫게 됨으로 스스로가 인격적, 정서적, 관계적 변화의 선택을 하게 하고 싶었다.

그동안 칼럼을 쓰면서 주위에서 일어나는 일들을 어떻게 바라보아야 하는가에 초점을 맞추다 보니 다양한 심리, 정서의 영역을 다루지 못한 것을 발견했다. 부족한 부분들은 앞으로 계속 다루어야 할 것 같고 부족한 글이 엮여서 책이 되게 격려해주신 쿰란출판사 이형규 장로님께 감사드리고 싶다.

2006년 6월 20일
구미리암

차례

제1부 아프로디테와 헤파이스토스

제2부 병리적 자해증

제3부 어른 아이

제4부 참다운 웰빙

제1부 아프로디테와 헤파이스토스

아프로디테와 헤파이스토스

아프로디테와 헤파이스토스

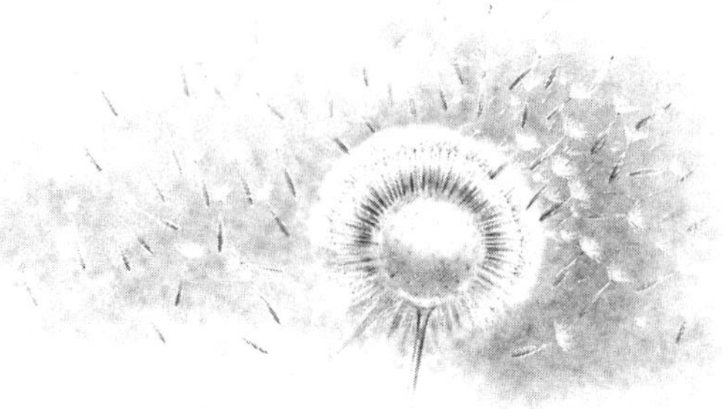

바다의 거품이 떠다니다가 조개 속에서 생명으로 태어났다. 이는 미의 여신, 아프로디테의 탄생 기원이다. 그녀의 아름다움은 천상과 지상을 흔들었다. 그녀를 탐내는 남신들 사이의 갈등을 무마하기 위해 제우스는 그녀에게 대장장이 헤파이스토스와 결혼할 것을 명령하였다.

성난 제우스의 발길에 차여 추한 몰골의 불구가 되었던 헤파이스토스는 아내 없이 홀로 살고 있는 처지였기에 제우스의 결정에 이의를 걸 수 있는 신들은 없었다. 아프로디테와 헤파이스토스의 결합을 통하여 제우스는 헤파이스토스에 대한 죄책감을 넘어 보상을 충분히 하였다는 만족감을 느낄 수 있었다. 문제는 결혼 후에 생기기 시작하였다.

혹자는 그들의 결혼이 "미녀와 야수"의 기원이라고 하지만 월트 디즈니 사의 "미녀와 야수" 같은 긍정적 결말과는 거리가 있다. 아버지 없이 태어난 헤파이스토스는 엄마 헤라와 밀착된 관계였다. 당연히 엄마 이외에 다른 여자와의 친밀한 관계는 무의식적으로 회피하고 대장간에 처박혀 일만 하였다.

반면에 아프로디테는 돌보아 주는 부모도 없이 바다에 떠다니다가 태어났기에 끊임없이 밀착된 관계를 추구하는 성향이 있었다. 나아가 그들의 결합은 자신들의 선택이 아니라, 윗사람들의 기분, 필요와 결정에 따른 것이었기에 시작부터 문제가 있었다. 그들의 결혼은 결합 이후에 오는 모든 불행의 기원이라고 볼 수 있다.

바다의 거품이었던 아프로디테와 쇠를 다루는 대장장이의 만남은 긍정적 측면에서 보면 서로의 부족한 부분을 잘 보충할 수 있는 관계이다. 헤파이스토스는 말이 무겁고 행동 지향적인 반면에, 아프로디테는 감성적이다. 그녀를 수족같이 따라다니는 시녀의 이름도 히메로스이다. 이름의 뜻은 '나른한 그리움'이다.

지식적이고 행동적인 사람이 감성적이고 공상적인 사람과 만나 결혼하는 경우가 많다. 하지만 서로의 차이를 이해하려는 노력이 없을 때, 상반되는 기질과 성향은 결국은 올무가 되어 비극을 잉태하기 쉽다.

부부 상담을 하다가 느끼는 것은 흥미로울 정도로 많은 부부들이 그리스 신화의 미의 여신인 아프로디테와 대장장이 신인 헤파이스토스와 같다는 것이다. 결혼 후에도 엄마와 심리적 탯줄이 연결된 남자들이 많다. 그들은 무의식적으로 아내와 친밀한 관계를 형성하는 것을 두려워하고 일에 몰두하든가 바람을 핀다.

부부 중 한 사람이 부부 관계보다는 일이나 원가족(자신이 자란 가족)의 대소사에 신경을 더 쓰면, 상대방은 심리적 공백감을 경험한다. 그리고 반작용으로 다른 곳에서 위안을 찾게 된다. 더구나 아프로디테같이 외롭게 자란 사람들은 반동의 폭이 더욱 커 부족한 관계를 밖에서 찾고 또 대부분 성적 관계를 맺게 되기 쉽다.

자신에게 맞는 결혼 상대

얼마 전 한 교회 청년회로부터 '좋은 반려자는 어떻게 만나나?'라는 주제로 세미나를 부탁받았다. 몇 달 전에 '심리적 상처가 삶에 끼치는 영향'이라는 세미나를 들은 청년들이 행복한 결혼 생활과 자식들에게 심리적 상처를 덜 입히기 위한 예방 차원의 세미나를 원했다. 그들의 진지한 모습과 자신을 직시하고자 노력하는 모습에서 긍정적인 미래를 보았다.

좋은 상대를 만나기 위해 데이트할 때, 또 더 만족한 결혼 생활을 위해 명심해야 할 부분은 서로가 상대방에게서 추구하는 것이 무엇인가, 자신과 상대방의 성향과 추구하는 삶의 차이를 알아야 한다는 점이다. 또 좋은 상대란 자신과 맞는 상대로 주관적인 감정과 평가에 의존하나 객관적인 면을 무시하지 말아야 한다. 왜냐하면 관계 발달의 장기적 측면에서는 성향, 가치관, 행동 패턴이 비슷한 사람들이 결혼 실패의 확률이 적기 때문이다.

당신의 파랑새는?

당신의 파랑새는?

미국 정부에서 발표한 미국인들의 새해 결심을 보면, 적당한 음주, 건강한 식사 습관, 현 직장보다 나은 직장으로 옮기기, 더 교육받기, 몸매를 다듬기 위해 살을 빼기, 금연, 직장에서 스트레스 줄이기, 저축하기, 여행, 자원 봉사 등이다. 모든 사람들이 새해에 결심한 대로 일 년을 산다면 미국은 어떤 세상이 될까 흥미롭다.

개인이 새해 결심을 일 년 동안에 어느 정도 실행할 수 있느냐는 건강한 자아의 능력과 많이 연결되어 있다. 이에 비해 결심의 내용은 스스로가 바람직한 자신의 모습이나 삶에서 부족한 것을 채우고자 하는 것이다. 거기에는 개인의 가치관이 반영되어 있으며 또 부족한 것이 채워진다면 행복해질 것이라는 무의식적 소망이 담겨 있다.

일리노이 대학의 에드워드 디너와 마틴 셀리그만은 '무엇이 인간을 행복하게 하는가'를 연구했다. 그들은 사람들이 덜 우울하고 행복감을 느끼기 위해서는 가족이나 친구와의 친밀한 관계, 또 그들과 함께하는 시간, 사회관계 기술과 사회적 지지도가 중요하다고 하였다(<타임> 2005년 1월).

많은 사람들이 행복하기 위해 돈과 지위를 추구하고 그러기 위해 시간, 체력, 마음을 다 쏟아 부으려다 정말 중요한 가족과 친구들에게서는 멀어지는 게 현실이다. 이러한 인간 심리를 동화로 표현한 것이 「파랑새」이다. 행복을 주는 파랑새를 찾아 온 세상을 다니다 자기 집안에서 파랑새를 발견한다는 내용이다. 안타까운 것은 동화와 달리, 자신과 자신의 집안에 있는 파랑새를 발견하는 사람들은 많지 않다는 것이다. 요즈음 '가화만사성(家和萬事成)'이라는 것을 많은 사람들이 잊고 사는 것 같다.

세상이 바뀌고 또 가치관이 바뀌는 것 같아도 인간이 가진 욕구와 욕망은 변하지 않는다. 행복한 삶이 행복하고 건강한 가정과 뗄 수 없는 관계라면 더욱 행복한 가정을 가꾸는 것을 결심하면 어떨까? 사람들이 모두 그것을 위해 노력한다면 연말에는 세상에 어떤 변화가 있을까? 이것을 생각하면 가슴이 뛴다.

더 바람직한 가정은(특히 포스트모던 사회에서) 문제가 없는 가정이 아니라 문제를 잘 견디고 그로 인한 부정적인 결과를 최소화할 수 있는 가정이다. '가화만사성'을 이루기 위해서는 부부 관계와 부모의 역할이 중요하다. 부부가 삶의 진정한 가치, 신뢰, 안정, 인간의 존엄성(자신이 존엄한 것을 느끼고 아는 사람만이 남을 귀하게 여긴다), 열린 대화를 추구하는 삶을 아이들에게 보여 줄 때 아이들은 부모를 존경하고 사랑한다. 또한 자신이나 세상을 향해 증오가 아닌 긍정적인 시각으로 바라보며 자신의 정체감과 존엄감을 형성하게 된다.

또 바람직한 가정은 가족들의 경제적, 심리적, 교육적, 영적인 양육에 있다. 구체적으로 결심하고 실행할 수 있는 것으로는 여러 가지가 있다. 안정적인 생활을 할 수 있게 집안에서 신체적, 언어적, 심리적, 물질적, 성적 폭력이 없어야 한다. 매주 온 식구가 식탁에 둘러앉아 식사하는 기회를 많이 가져야 한다. 또 삶의 의미를 발견하도록 전 가족이 종교 생활을 하는 것도 중요하다. 그리고 폭력적이지 않은 방법으로 아이들을 훈육하고, 자원 봉사하는 모습을 통해 다른 사람들의 안녕에 관심을 갖게 하는 가치관을 내재화하도록 도와주어야 한다.

건강한 삶은 치우친 삶이 아니라 균형 잡힌 삶이라는 것을 기억해야 한다. 그리고 이러한 여러 가지 요소 중에서 부족한 것이 있으면 보충하기로 결심하라. 그러는 가운데 자신도 가족도 행복하게 될 것이다.

무의식 속에 사는 삶

무의식 속에 사는 삶

L은 상담실에 들어와서 지난주에는 특별히 나쁜 일이 없었음에도 불구하고 부정적이며 우울했다고 했다. 무슨 일이 있었는지 묻자 그녀는 자신이 체험한 것을 나누었다.

그녀는 아침에 일어나기가 무척 힘이 들었다. 하루 종일 숨쉬기가 힘이 들 정도로 무척 피곤하고 가슴의 통증을 느꼈다. 늦게서야 병원에 갔고, 오후 1시 지나서 조용한 상태에서 적극적인 상상을 시작하였다. 상상 속에서 자신의 가슴 안에 있는 쇠로 만든 상자를 보았는데, 앞면은 두꺼운 유리로 되어 있어서 들여다볼 수 있었으나 뿌얘서 자세히 볼 수는 없었다. 그녀는 상자를 살펴보다가 상자의 네 귀퉁이에서 나사를 보았고 그 나사를 풀었다. 그녀는 상자 안에서 숨을 쉴 수 없게 만든 어떤 고통을 찾았으나 정체는 알 수 없었다. 그녀는 더욱 깊은 상상 속에서 시계를 보았고 고통의 위치는 시계 바늘의 4시에 머물러 있었다. '4시'는 그녀의 상담 시간이어서 나는 지난주 상담이 어땠는지 물어 보았다. 그녀는 "모든 것이 좋았어요. 그러나 상담이 끝날 때 미리암이 주신 숙제가 마음에 걸렸답니다" 하고 조심스럽게 섭섭했던 점을 암시하였다. 이는 내가 도너츠 먹는 것을 절제하라고 했기 때문이었다.

중년기에는 많은 여성들이 살이 찌는 것이 보통이나 L은 정도를 넘어서 살이 쪄 있었다. 살을 빼는 것이 자신의 상담 목표 중의 하나이기에 지난주에는 그녀가 도너츠와 치즈 데니스를 먹는 것에 대해 분석하였다. 그녀는 성공적으로 다이어트를 해가고 있었다. 끼니마다 2개씩 먹던 치즈 데니스도 하나로 줄인 까닭에 다이어트는 성공적이었다. 상담 마지막에 그녀의 성공을 축하하기 위해 저녁에 치즈 데니스를 하나가 아닌 둘을 먹으라고 하였기에 나는 조심스럽게 그녀의 경험을 분석해 들어가기 시작하였다.

분석해 보니 L은 섭섭했던 정도가 아니라 무척 화나 있었으나 자신은 전혀 모르고 있었다. L이 화가 났던 원인은 도너츠 먹는 것을 중단할 수 없다는 심리적 상태를 내가 이해하지 못하고 무리하게 요구했다는 것, 즉 먹는 것을 중단하게 할까 하는 두려움에 있었다.

그녀의 화난 상태를 분석해 가는 동안 도너츠와 치즈 데니스가 그녀의 어린 시절 차가웠던 엄마의 사랑에 대한 그리움의 표현임을 알았다. 어린 시절 채워지지 않았던 빈 가슴은 50세가 된 지금도 공백으로 남아 달디단 도너츠와 치즈 데니스로 채우고 있었다.

L의 상담 분석에서 다른 중요한 이슈는 그녀의 사랑에 대한 그리

움만큼 자신을 거부했던 엄마에 대한 분노였다. 무의식 속에 숨어 있던 분노, 자신의 욕구와 필요에 대해 무감각했던 엄마에 대한 분노가 상담자인 나에게 전이되었던 것이었다. L은 화를 표현하면 내가 그녀의 엄마처럼 그녀를 거부할까봐 두려워서 화나는 감정을 자신의 내부로 감추었다. 자연히 분출되지 않은 분노는 극도의 피곤과 가슴의 통증 현상으로 나타났던 것이다.

외롭지 않고, 자기 직업에 더 능률적이고, 자기가 좋아하는 사람들과 좋은 관계를 맺고 사는 것이 모든 사람들의 희망 사항인데, L과 같이 주위 사람들에게 자신의 이슈를 전이하고 미움으로 속 태우며 심지어는 몸까지 아픈 사람들이 많다. 그런데 흥미로운 것은 대부분의 사람들이 나는 그렇지 않다고 생각한다는 것이다.

L은 지난 상담 시간 이후 치즈 데니스는 전혀 입에 대고 싶은 생각이 없어졌다고 전하였다.

물병과 편지

영어 표현에 "Last straw(마지막 지푸라기)"라는 말이 있는데, 계속해서 지푸라기를 소의 등에 던져 쌓을 경우 어느 순간 가벼운 지푸라기로 인해 소의 등이 부러진다는 표현이다. 이는 아주 작은 좌절, 미움, 화가 쌓여서 정신 상태 구조가 감당할 수 없는 순간에 폭발하게 된다는 의미이다. 쌓였던 감정, 특히 화가 쌓인 분노가 '마지막 지푸라기' 순간에 자극을 준 타인에게 폭발될 경우 인간관계가 다치기 쉽다. 나아가 억눌린 감정이 타인이 아닌 자신에게 돌려지는 경우 서서히 자신을 파괴하는 경우가 많다. 특히 유교적 전통과 체면을 중시하고 감정과 필요를 표현하는 것이 억제된 가정 분위기에서 자란 사람들, 소심한 사람들, 죄책감이 많은 사람들의 경우는 억눌린 심리 상태가 육체를 통해 나타나는 경우가 많다. 심한 경우는 병, 예를 들면 '화병' 같은 것으로 나타나기도 하지만 많은 경우 음식 섭취나 배설에 관련된 증상으로 표현된다.

S는 방에 들어올 때 아주 밝은 모습으로 물병을 들고 있었다. 나와 함께 3년이나 정신 분석을 하고 있는 S는 자신의 발전과 건강을 돌보는 것과는 거리가 있는 삶을 살고 있었기 때문에 물병은 내 시선을 끌었다. S는 이런저런 사고로 수시로 병원 신세를 지거나, 지난 여름에는 체내 수분 부족으로 병원에 입원하기도 했다. 그녀는 땀을 많이 흘리는 상태를 조절하기 위해서 물을 수시로 마셔야 하지만, 보통 자신의 필요에 대한 이야기만 하고 실제로 물을 마시는 일은 드물었다. 물병에 대한 나의 반응에 그녀는 매우 자랑스럽게 웃었다.

지난 상담 시간에 S는 많이 울었다. 플로리다에서 사시는 어머니의 방문과 관련된 그녀의 감정을 분석하는 과정에서 자연스럽게 자신의 어린 시절 이야기를 했다. 그녀는 동생들을 돌보고, 늘 착한 딸이어야 했던 부담감에 대해 이야기했다. 어려서부터 S는 혼자 사는 엄마의 필요와 욕구가 무엇인지 잘 알고 있었다. 엄마는 어린 S에게 많이 의존하였고, S가 얼마나 착하고 밝은 아이인지 이야기하였다.

엄마는 S가 7살이 되던 해에 재혼했고 새아버지는 놀기 좋아하고 철없는 동생을 혼내거나 따돌렸다. 외부로부터의 공격과 엄마의 사랑을 상실할지 모른다는 두려움 때문에 S는 자신의 감정과 욕구를 표현하는 대신에 착한 아이의 모습을 계속하였다. S는 어른들의 인정을 받는 대신에 자신을 상실한 것에 기인한 깊은 좌절감, 분노와 무력감을 자신도 모르게 무의식 속에서 키웠던 것이다.

상담 후에 S는 엄마에게 간단하지만 자신의 어린 시절에 경험했던 감정을 편지로 써서 보냈다. 흥미로운 것은 편지로 자신의 감정을 표현한 이후로 물병을 챙기게 된 것뿐 아니라 7살부터 시작되었던 변비가 사라졌다.

대부분의 종교인들이 종교적으로 부정적으로 평가되고 있는 감정들, 화, 분노, 질투, 미움, 슬픔 등을 느낄 때 당황하거나 부정하기도 하고, 심한 경우는 죄책감을 느끼기도 하는 것 같다. 부정적 감정 중에서 '화'가 쌓인 분노가 특히 문제가 된다. '화'가 날 경우 사람들은 보통 두 가지 형태로 반응하는데 자신도 모르게 주위 사람들에게 폭발시키는 형과 참는 형이다.

해리엇 러너(Harriet Goldhor Lerner)는 "'화가 난다'는 것은 우리가 상처받았다는 것, 권리가 침해되었다는 것, 욕구나 필요가 적절하게 수용되지 않았다는 것을 전하는 메시지"라고 하였다. 따라서 이유 없이 짜증과 화가 계속해서 날 경우 원인을 찾아서 자신에게 필요한 것이 무엇인지 깨닫고 긍정적으로 해결하고 표현할 필요가 있다.

발효 문화와 조기 유학생

유학생 시절, 주위 미국 사람들이나 학생들이 싫어해도 김치, 고추장, 된장은 가끔씩이라도 먹지 않으면 몸이 뒤틀렸던 경험은 나만의 경험은 아닐 것이다. 절기나 봄방학을 맞이하여 기숙사에서 돌아오는 딸의 축난 얼굴과 몸(축난 것같이 보이는 것일 수도 있다)을 위해 불고기나 갈비를 맛있게 해주고 싶어하는 나에게 딸이 원하는 음식은 단지 김치에 밥이다. 김치찌개면 며칠을 먹어도 괜찮다. 누가 뭐라 해도 한국 아이이다.

한인 사회 문화의 특징을 설명하는 것 중에 발효 문화가 있다. 김치나 장은 발효 식품의 대표적인 식품이다. 발효 문화는 한국 사람 속에 있는 기다림과 인내의 속성을 한국 문화에서 가장 중요한 식품과 연결시켜 만든 용어이다.

구한말 영국의 지리학자였던 이자벨라 버드 비숍은 한인들의 근성으로 의심과 불신 성향을 지적하였다. 많은 식민지 사관 학자들을 비롯하여 한인들이 불신과 배타성, 하나로 단결이 안 되는 점을 일반적인 성향으로 지적한다. 그러나 발효 문화가 기다림과 함께 발효에 대한 믿음 없이는 가능하지 않다는 점을 생각한다면 이들의 평가는 한인들 피 속에 흐르는 인내와 믿음을 보지 못하고 있는 것이 아닌가 싶다.

며칠 전 신문을 통하여 한국에서 온 조기 유학생들이 현지 학생들에게 미치는 영향이 부정적이라는 글을 읽었다. 또 많은 사람들이 조기 유학을 반대하고 있는 것으로 알고 있다. 먼 이국 땅에 자식을 떠나 보내는 것은 새로운 기현상은 아니다. 지금은 서울 유학이라는 것이 거의 없는지 몰라도 20년 전만 해도 땅 팔고 소 팔아 집안 대들보인 아들을 서울 유학시키는 것은 흔했다. 이제는 시대가 변하여 서울에서 미국, 영국 등으로 단지 장소만 세계화가 된 것뿐이다.

기다림과 믿음이 발효 문화의 특징이라고 한다면 요즈음 한국 특수 계층에서 불고 있는 조기 유학도 단순하게 과도한 교육열이라는 측면만 있는 것은 아니다. 조기 유학을 보내려는 사람들을 몇 번 상담했는데 조기 유학을 통해 겪을 어려움을 넘어 자녀가 잘 견디고 훌륭하게 자라줄 것에 대한 굳건한 믿음을 표정에서 읽을 수 있었다. 자녀들이 어려움 속에서 잘 발효되어 집안이라는 울타리를 넘어 한국을 빛낼 인물이 될 것이라는 믿음과 기대를 보았다.

많은 사람들이 부정적으로 생각하던 냄새를 초월하여 김치와 장이 한국을 대표하는 발효 식품이 된 것은 한인들, 특히 여성들의 지혜와 노력이 있었기 때문이다. 옛 여인들은 맛있는 김치와 장을 담기 위해서 좋은 재료를 정성껏 골라 적당한 시기에 담그고, 그 후에 세심한 관리가 필요하다는 것을 알고 있었다. 장을 담글 때는 적당한 날에 정성껏 달여서, 종류에 따라 적절히 관리하였다. 날씨에 따라 장 뚜껑을 열고 닫아야 하고 장독 주변을 아주 정결하게 관리하여 구더기가 끼는 것을 방지해야 했다. 아이들 조기 유학도 장 담그는 것, 또는 김치 담그는 것과 크게 다르지는 않다.

조기 유학의 문제점은 누가 지혜로운 여인이 되어서 아이들을 관리하느냐이다. 청소년 시기는 정서적으로 민감한 나이이기에 정체성이 확립되고 나아가 자신의 이기심을 넘어서 공동체의 중요성을 깨달아야 하는 시기이다. 따라서 남의 자식들이라고 무관심하기보다는 한인 이민 사회, 특히 종교 단체에서 멀리 보고 아이들에게 구더기가 끼지 않을 건강한 주변 환경을 만들어 주어야 한다. 또 부모는 먼저 아이들의 자질과 기질에 따라 적당한 유학 시기를 결정하고, 유학을 보낸 후에 세심한 관리를 한다면 개인적인 측면에서나 국가적 측면에서 꼭 부정적이지만은 않다.

잘 관리되어 발효된 아이들은 틀림없이 한국을 빛내고 이민 사회와 한국을 연결시킬 수 있는 귀한 미래의 인물들이 될 것이다.

봄, 봄, 봄

봄. 봄. 봄

뒤뜰에 핀 개나리, 앞뜰에 핀 크로커스, 조만간 필 것 같은 수선화, 하늘을 향해 자태를 뽐내려는 목련, 봄이 오는 소리가 사방에서 들리고 있다. 벌써 3월도 반이 지났으니 곧 사방에서 현란한 빛깔의 꽃들이 자태를 자랑하리라.

옛날 맵도록 춥고 힘들던 겨울, 죽음 같았던 겨울을 낸 봄은 생명의 발현과 새로운 삶을 의미하였기에 매우 특별한 계절이었다. 나라와 문화에 따라 봄이 온 것을 축하하는 방식과 예식은 달랐지만 거의 모든 나라와 문화에서 봄이 온 것을 축하하였다. 기원전 페르시아, 이집트, 로마 등의 나라에서는 봄의 여신을 경축하는 축제를 벌였다. 봄을 축하하는 의식의 한 부분에서 달걀을 사용하였는데 이는 땅에서 모든 생명의 기원이 시작된다는 것을 상징하는 것이다. 기원전 1000년 이전에 중국에서는 이미 달걀에 색을 입혔다고 한다.

혹자는 봄은 청춘, 그리고 설레는 바람이라는 말과 동의어라고 볼 수 있다고 하였다. 그래서 그런지 봄이 가기 전에 결혼하려는 신랑신부 덕에 꽃가게는 봄에 가장 큰 매상을 올린다고 한다. 한국 풍습에 시집 장가는 나이가 차고 때가 되면 하는 것으로 당사자가 아닌 주위 사람들, 특히 부모들이 나서서 모든 것을 진행하였다. 요즈음은 중매로 결혼하는 경우라 할지라도 부모들의 생각보다는 당사자들의 의견이 더욱 많이 참작된다. 시대정신과 문화가 변하고 사람들이 가지고 있는 결혼과 가정에 대한 기대와 요구가 변하고 있기에 연애결혼이 보편화되고 있다.

연애결혼은 사랑이라는 감정을 바탕으로 하는 결혼이다. "자기 눈에 안경"이라는 표현처럼 사랑에 빠진 사람들은 상대방을 객관적으로 평가할 능력이 상실된 상태이고 둘이 같이 살아가야 할 현실과 미래를 직시할 능력을 적지 않게 상실하는 것이 보통이다. 어느 어르신께서 말씀하시길, 자식이 일곱 있는데 어찌된 일인지 연애결혼한 자식들은 산다 못 산다 하면서 살거나 아주 끝장을 본다고 말씀하셨다.

그리스 신화의 사랑의 신인 에로스(사랑)는 작은 소년이었으나 안테로스(사랑의 상대자)인 아름다운 프시케(마음, 또는 정신)를 만나면서 나이가 들기 시작하여 남성으로 변하였다. 그런데 흥미로운 것은 프시케는 에로스를 만나고 나서 외로움, 그리움, 불안, 천국의 기쁨, 의심, 주위의 질투, 호기심, 상실의 아픔 등을 이겨내고 자신을 떠난 에로스를 찾기 위해 노력(잘 보이려고 온몸으로 노동)했다. 그리고 밝은 대낮에 더욱 분명히 나타나는 공격성을 잠재우기 위한 인내와 불가능한 승리를 쟁취하기 위한 용기와 믿음으로 시어머니인 아프로디테와의 갈등을 극복하여 신의 자격으로 격상되었다. 그래서 에로스와 프시케는 백년해로하는 부부가 되었다.

이는 더욱 성숙한 사랑을 하기 위해 마음의 연단이 필요하다는 이야기도 되며, 사랑의 포로가 된 사람들이 주위에서 인정받는 부부가 되기 위해서는 많은 연단과 기간이 필요하다는 것을 내포한다.

사랑의 포로가 된(언어에서 이미 자유롭지 않다는 것을 내포하나) 초혼 또는 재혼하는 신랑 신부들에게 새로운 가정을 창조하려는 봄에 잊지 말라고 권하고 싶다. 사랑만이 사람을 성숙하게 한다는 것과 부부가 되는 과정에는 마음의 고통이 빠질 수 없는 양념이라고 말이다. 마음의 고통을 다르게 표현한다면 현실을 발견하고, 상대방을 더욱 더 실제에 가깝게 보고, 있는 그대로의 상대방을 받아들이는 과정이라고 할 수 있다. 이것이 없다면 아직도 포로 된 상태로 현실감각을 상실했다고 보아도 무관하지 않다.

사랑에 빠진 사람들의 열이면 열, 공통적으로 자신의 사랑은 영원히 변하지 않는다고 주장한다. 그러나 인간의 사랑은 변하기에, 현실에서 백년해로하는 행복한 부부가 되기 위해서는 자신이 먼저 감정적으로, 의지적으로 어른이 되어야 한다. 그것은 감정적으로 부모의 영향을 떠나야 한다는 말이다. 덧붙여 결혼하기 전에 이미 경험자들이 하는 말은 만족한 결혼 요건 중의 하나는 서로의 삶 속에서 공통부분(종교적, 사회적, 경제적, 문화적)이 많이 있는 것도 참고할 만하다.

봄을 기대하는 헤어짐

봄을 기대하는 헤어짐

창밖의 햇살이 너무 아름다워 겨울을 아직도 간직하고 싶은 마음이 흔들리는 봄이다. 멀리 포토멕 강가를 따라 하늘을 수놓는 벚꽃이 그리워지는 시기다.

생동하는 생명의 움직임과 관계없다는 듯 S는 매 세션마다 울음으로 어둡고 추운 겨울을 지낸다. 지난해 크리스마스 바로 전에 이혼을 선언하고 떠난 남편을 아직도 그리워하기에 크리스마스에도, 설날에도, 그리고 발렌타인데이 등 심지어 날씨가 좋은 날에도 그녀는 울 수밖에 없다. 그녀의 상실을 함께하면서 자신의 삶에 정직한 태도와 아픔에 충실하고자 하는 그녀가 깊이 존경스럽게 느껴진다.

결혼 후 6개월 정도 허니문 기간이 지나면서부터 시작된 그들의 혼란스러웠던 관계는 그녀를 많이 아프게 했다. 그녀 역시 둘이서 노력하지 않으면 이혼은 불가피할지 모른다고 예상하고 있었지만 노력보다는 이혼을 선언한 남편 앞에서 그녀는 너무 아파 하고 있었다.

봄에는 많은 사람들이 새로운 삶을 출발하고자 한다. 결혼이 아니어도 삶의 새로운 단계로의 도약은 삶을 의미 있게 하는 아름답고 값진 일이리라. 이혼 또는 사랑하는 사람과의 이별과 관련된 상담을 하면서 한국인과 미국인이 참 다르다는 것을 느낀다. 미국인 내담자의 대부분은 관계 상실에 따른 아픔을 다루고, 어떻게 아픔을 이겨내고 앞으로 나아가며, 과거와 같은 아픔을 되풀이하지 않을 것인가에 초점이 맞추어져 있다.

반면에 한국인 내담자의 경우는 고통의 근원이 좀더 광범위하다. 거의 99%의 한국인 내담자가 미국인 내담자보다 고통을 더 겪는 것 같다. 가족이 하나 됨을 중시하는 문화적 또는 종교적 기대에 부응하지 못한 책임감, 자녀들에 대한 죄책감, 경제적인 부담감 때문이다. 또한 주위 사람들과의 관계에 있어 어정쩡한 기분, 이혼을 개인들의 인내심 부족과 이기심에서 비롯된 것으로 인정하고 터부시하는 사회적 분위기, 그러한 이기적이고 무책임한 이혼 자녀를 둔 것은 자녀를 잘못 교육시킨 부모들의 책임이라는 부모들의 자책감을 바라보면서 느끼는 죄책감과 무기력감, 인간으로서 자신 안에 무엇인가가 분명히 잘못되어 있다는 결함의 인지감, 잘못된 선택과 그에 상응하는 분노, 그리고 수치심과 죄책감으로 연결되어 있다.

수치심과 연결된 고통은 대부분의 한국인들에게 고통을 직시하는 것을 두려워하게 하고, 감추고, 또 고통을 안 보이는 것이 인내심이라고 자위하게 한다. 불행하게도 고통은 보이지 않는다고 해결되는 것이 아니라 속에 남아서 삶의 다음 단계로 넘어가지 못하게 한다. 흥미로운 점은 미국 문화 속에서 자란 2세들도 이혼할 때에는 한국인 1세들이 겪는 것과 동일한 아픔을 겪는다는 것이다.

생판 남이던 사람을 만나 삶을 같이하고자 했을 때 분명한 것은, 이혼할 것을 고려하고 결혼하는 사람은 없다는 것이다. 혹 가능성에 대해 예측하는 경우도 노력으로 결혼 관계가 지속될 수 있을 것으로 기대하고 결혼을 결정한다. 그러기에 이혼하는 경우, 자신과 상대방에 대한 분노와 실망, 믿는 사람들의 경우 하나님에게서 배반당했다는 아픔이 크다. 그들의 아픔은 주위 사람들이 상상하는 것 이상이다. 또 자녀 없이 이혼하는 젊은 커플의 경우는 생각보다 심리적 파급 효과가 더 클 수 있다. 대부분의 경우 우울증을 경험하고, 심한 경우는 불안증, 불면, 되풀이되는 악몽과 대인 기피증 등 '외상 후 스트레스'를 겪기도 한다.

이혼이 불가피한 경우가 있기에 현재 지독하게 불행하고 이혼할 수밖에 없다고 생각한다면 왜 이혼을 결정해야 하나, 어떻게 처리하나, 그리고 어떻게 하면 후에는 같은 아픔을 되풀이하지 않을 수 있는가를 고려해야 한다. 즉 삶의 새로운 장으로 넘어가기 위해서는 다음 장에 대한 기대와 지금까지 경험한 장을 닫을 수 있는 용기가 필요하다. 현재까지 소중히 간직했던 것에 대한 집착이 크거나 다음에 부딪쳐야 할 삶의 국면에 대한 두려움이 크면 클수록 삶의 다음 장으로 넘어가기가 힘들다. 봄을 즐기기 위해서는 먼저 겨울의 찌꺼기를 털어내는 지혜가 필요하다.

어지러운 시대와 불안증

어지러운 시대와 불안증

세상의 종말이 오는 게 아닌가 하는 생각이 들기에 꼭 알맞은 때다. 한국을 비롯한 지구촌 곳곳에 재난이 생기고, 특히 이라크 전쟁으로 미국에서는 오랜 불경기로 인해 위축된 사회 심리에다 계속되는 대형 사고로 개인적, 사회적 불안증을 더욱 자극하고 있다.

전쟁, 불황에 작아지는 자신

사회가 불안하다 보니 요즈음 상담을 요청하는 많은 사람들이 심각한 우울증을 동반한 불안증 때문에 고통스럽다고 호소한다. 물론 일상생활 속에서 공포나 불안을 어느 정도 경험하지 않고 사는 사람은 없겠지만 계속적인 긴장과 불안 속에서 시달리는 불안증은 본인은 물론 주위 사람들의 삶까지 피폐하게 만든다.

점차 가열되고 있는 이라크와의 전쟁과 불안정한 경제 속에서 많은 사람들은 스스로 통제할 수 없는 현실, 예측 불가능한 미래를 앞에 두고 삶의 근원과 구조까지 흔들리는 무력감을 느끼고 있다. 또 무력감은 불안 증세를 악화시키고 불안과 통제력 상실, 분노는 우울증을 심화시킨다.

임상적 측면에서 볼 때, 불안 장애의 한 종류인 공포증도 앞으로 닥칠 위험의 경계 신호라는 측면에서 불안증과 비슷하지만, 공포증은 일상생활을 할 수 없을 정도로 강력하고 비합리적인 성격을 지니고 있다.

불안 장애에는 여러 종류가 있고 치료 방법이 다양하지만, 일반적으로 불안증을 앓고 있는 사람들의 신체적 징후는 다음과 같다. 식욕부진이나 불량, 근육이 긴장되거나 성 기능에 이상이 있고, 가슴이나 배에 통증, 전신이 춥고 떨리거나 어지러우며, 구토, 호흡 곤란, 입이 마르고, 얼굴에 홍조가 생기거나 두통을 경험하며, 심한 경우는 졸도하기도 한다.

정부 발표, 신뢰성 있어야

개인적으로 불안증이 건강하고 행복한 삶을 영위하는 데 장애가 되는 것과 마찬가지로 사회에 만연한 집단 불안증은 사회 발전은 물론이고 구성원 개개인의 정신 건강과 인간관계 형성에 심각한 영향을 미친다.

노무현 대통령의 취임을 전후하여 가장 쟁점이 되고 있는 것은 북한, 미국, 한국의 삼자 관계와 '북한 핵'에 따른 전쟁 가능성에 관한 것이었다. 얼마 전 오랜만에 미국을 방문한 친구의 표현을 빌리면 "한국의 전쟁은 곧 제3차 세계대전이 될 것이기에 한국에서 전쟁은 절대로 일어나지 않을 것"이라고 했다.

불안한 사회 기류와 불확실한 미래 속에서 전쟁 가능성을 전적으로 부인하는 사람들이 있는가 하면, 불안한 한국의 현실을 피하기 위해 한국을 떠나고자 하는 사람들도 꽤 많은 것 같다. 노 대통령이 "실질적으로 아직까지 존재하지 않는 위협을 갖고 한쪽에서 돈을 바꾼다든지 이사갈 준비를 해서는 안 된다"고 한 말이 흥미롭다.

불안의 심리적 역동(dynamics)은 내적인 것과 외적인 위협의 합작품이다. 현재 한국인의 불안 심리는 역사 속에서 경험을 통해 습득된 것과 외적, 현실적인 위협의 산물이라고 보아도 된다. 한국전쟁을 전후하여 이승만 대통령과 정부는 계속적으로 전쟁의 위협이 없다고 국민들을 안심시키려다 전쟁이 발발하자 남하하는 북한을 저지해야 한다는 주장을 앞세워 한강 다리를 폭격시켰다. 정부를 믿고 남아 있던 많은 국민들에게 그것은 심리적으로 충격적이며 외상적인(traumatic) 경험으로서 죽음과 심한 배신감, 분노에 시달려야 했다. 배신의 경험과 내적, 외적인 공격성, 삶과 죽음의 공포에 기인한 집단 무의식은 후손들에게 대물려 이제 '북한의 핵' 위협에 다시 사회에 만연된 불안증으로 확산될 가능성이 높다.

자신에 대한 통제력 회복 시급

위협의 상태에 자아가 적절히 기능하지 못할 경우 스트레스가 커지는데도 불구하고 이를 내버려두면 불안증은 더욱 심해지고 만성화된다. 계속되는 불안의 경험은 생활을 제대로 할 수 없도록 만든다.

특히 심리적으로 충격적인 외상을 경험한 사람에게 중요한 것은 '잃어버린 안전' 에 대한 신뢰를 회복하는 것이며 그러기 위해서는 믿을 수 있는 관계와 신뢰가 없이는 불가능하다.

개인들이 겪는 불안증과 마찬가지로 집단 불안증도 직접 대면하는 것을 기피하면 심한 경우 집단 신경증으로 발전할 가능성이 있다. 따라서 개인이건 집단이건 지금이라도 불안과 우울증을 일으키는 요소들을 대면하고 통제력을 회복하기 위해 자신 속에 내재되어 있는 자원과 힘을 신뢰하는 구체적이고 현실적인 방법을 찾으라고 권하고 싶다.

공격성의 표현은 학습된다

공격성의 표현은 학습된다

창밖으로 보이는 정경이 '아니!' 하는 탄성이 나올 정도로 완연한 봄이다. 결코 끝나지 않을 것 같았던 겨울의 헐벗음과 매서움이 어디에도 보이지 않는다. 들리는 새소리에 이라크 국민들은 지금 어떨까 하는 생각에 콧등이 시리다.

공격과 폭력에 대한 반응

전쟁이 끝나고 전후 복구에 분주하다는 소식이 반가우면서도 가슴이 찡한 것은 그동안 신문을 통해 보았던 희생된 이라크 국민들, 특히 심신이 심하게 망가졌던 어린아이들의 영상이 계속 마음에 남아 있기 때문이다.

신문을 보면 크게는 국가에서부터 작게는 개인에 이르기까지 인간의 희생을 요구하는 공격과 폭력 내용으로 차 있다. 인간의 공격성은 신체적 공격, 욕설, 말 없는 냉대나 무관심 등 다양한 형태로 표현되는데 공통점은 다른 사람들에게 해를 주고 상처를 준다는 것이다.

인간이 가진 공격성 중에서 자기 방어, 스포츠, 사업, 전쟁 등 사회적으로 수용되고 긍정적으로 평가되는 것도 있고 심지어 보상받는 것도 있다. 그러나 테러리스트 공격이나 길거리 범죄같이 공격을 예측할 수 없고 통제할 수 없는 상황, 신체적 공격과 연관된 상황에 노출될 때 무력감과 공포감을 느끼며 여러 반사작용이나 반응을 하게 된다.

많은 심리학자들, 특히 프로이트 학파는 공격성을 인간의 원초적 추동(drive)이라고 보았지만, 위니코트(D. Winnicott)와 밀러(Alice Miller)는 좌절에 기인된 것이라고 보았다. 그러나 이 두 가지가 같이 병행한다고 보는 것이 나은 것 같다.

대부분의 사람들은 공격성을 표현하고 싶어도 보복에 대한 두려움 때문에 갈등과 불안을 느끼고 따라서 공격성을 표현하는 것을 억제하는 경향이 있다. 하지만 공격성 표현이 억제되더라도 공격 충동은 남아 있어 다른 형태로 표출하게 된다. 특히 자신의 심리 상태를 잘 모르는 경우는 좌절할 때 여러 명분을 내세워 공격적 행동을 하게 된다.

예를 들면 직장 상사에게 혼이 난 사람은 위로하는 동료들 앞에서는 "어이, 나는 괜찮아, 다 그런 거지" 하고 자신도 괜찮다고 믿고 집에 돌아왔는데, 집이 어질러 있거나 밥상을 늦게 차리면 자기도 모르게 "도대체 집에서 뭘 하는 거야?" 하면서 아내에게 고함을 지르거나 밥상을 발로 차게 되는 것이다.

텔레비전에서 본 대로 따라하기

공격성의 표현은 학습된다. 폭력적인 아버지 밑에서 자란 아들이 아버지의 폭력을 증오하면서 자신도 모르게 자식들이나 아내에게 폭력적이 되는 경향이 많다. 요즈음 쇼비즈니스에서 다루는 공격성의 수위는 사람들의 언어 표현을 따라갈 수 없을 정도이다. 조폭 영화가 유행하는 한국, 전쟁과 폭력적인 천사들이 영웅이 되는 미국에서도 공격성은 텔레비전, 영화, 미디어를 통해 아름답게 미화되어 시청자들에게, 특히 청소년들과 어린이들에게 공격이 다른 사람들의 희생과 고통을 요구한다는 것을 배우게 하기보다는, 파괴적 폭력이 아름다울 수 있다는 합리화를 심어주고 학습할 수 있어 위험하다.

1974년, 10~15세에 이르는 3명의 소녀들이 해변에서 9세 소녀를 잔인하게 습격하고 성적으로 폭행한 사건이 있었다. 나중에 알려진 것은 그들 모두가 4일 전에 비슷한 텔레비전 프로그램을 보고 자신도 모르게 9세 소녀를 공격하게 되었다는 것이다. 이러한 사건은 희생자뿐 아니라 가해자에게도 평생 아픔과 고통이 된다. 자신을 가해자로 인지하고 믿게 될 때 그 사람의 삶은 평탄하기 힘들기 때문이다.

텔레비전을 본 모든 아이들이 같은 범죄를 저지르는 것은 아니다. 공격성이 하나의 추동이고 또 학습 표현되는 것도 사실이고 좌절을 많이 겪는 경우 더욱 공격적이 되는 것도 사실이다. 그러나 자신의 내부에 있는 좌절과 공격성에 대해 직시하고 긍정적이고 적절하게 표출하면 다른 사람의 고통을 요구하지 않게 된다.

「어린 왕자」가 주는 교훈

특히 다른 사람들이 자신과 다르지 않다는 것을 알게 될 때, 또 다른 사람의 고통에 대해 눈물을 흘릴 수 있을 때 좌절 앞에서 다른 사람의 희생과 고통을 요구하기보다는 감싸안게 되는 것이다. 「어린 왕자」를 쓴 생텍쥐페리는 눈물의 순화적 기능을 찬미하였다.

정의와 명분을 표방한 인간의 폭력성에 얼마나 많은 사람들의 삶이 망가져야 하는가에 대한 회의는 자신 안에 폭발하려는 공격성을 느끼는 사람들에게 선택을 요구한다. 삶을 파괴하는 공격성 앞에서 사실이 아닌 척, 없는 척, 모르는 척하거나, 적극적으로 공격을 모방함으로 자신의 내부 안에 있는 무력감과 공포감을 상쇄할 수도 있다. 아니면 파괴성 앞에서 자신의 내부에도 있는 공격성을 직시하고 공격성을 창조적으로 변형하여 삶의 꽃을 가꾸는 선택을 할 수도 있다. 아름다운 봄을 맞이하며 사람들에게 다시 한번 「어린 왕자」를 읽어보라고 권하고 싶다.

부모부터 업그레이드를

부모부터 업그레이드를

며칠 전 본국의 무역협회에서 발표한 '세계 속의 한국'이라는 통계 지표에 따르면, 한국은 사교육비 지출 규모가 세계 1위라고 한다. 이러한 현상은 다른 아이가 하면 내 아이도 할 줄 알아야 한다는 성향(응답자의 47%)과 조기 교육 선호(61%), 그리고 사회에 팽배해 있는 명문대에 보내야 '유능한 엄마'라는 강박증과 별로 무관하지는 않을 것이다(<중앙일보> 9월 14일자).

이러한 문제점은 단지 본국에 있는 한국인의 경향만은 아닌 듯싶다. 이민 사회에서도 아이들이 '아이비리그' 명문대에 들어가면 주위에서 부러움을 사고 자식 교육에 성공했다는 평을 듣게 된다. 그래서 그런지 많은 한인 이민자들은 12시간의 노동도 마다하지 않고, 부부간에 벽이 쌓여도 자식들 학원비를 댈 수만 있다면 하는 각오로 온 힘과 노력을 다한다.

이러한 심리 저변에는 공허한 삶 속에서 삶의 의미와 자신의 자리를 찾고자 하는 몸부림이 있다. 사회적, 심리적으로 끝이 보이지 않는 허허벌판 같은 이민 삶의 환경은 현재적 삶의 불안을 견딜 수 없게 한다. 그래서 광야의 끝을 볼 수 있는 방향을 추구하게 되고, 많은 경우 자식과의 연계 속에서 해결책을 찾고자 한다.

이는 요즈음 유행하고 있는 업그레이드라는 단어와도 무관하지 않다. 또 자신의 지위 상승과 함께 자신들이 더 이상 세상에 없을 때 자신의 연장인 자식들의 생활의 안정을 바라는 마음도 담겨 있다. 또한 이러한 현상 속에는 좋은 학교를 보내지 못한 다른 부모들과 비교해 자신의 투자가 더 나았다는 상대적 우월감이 있다. 그리고 자신의 삶에서 구멍 뚫린 부분을 대리 만족하는 것(부족했던 삶의 부분을 자식들의 삶을 통해 살아보는 것)과 자신의 어려웠던 삶의 보상 심리, 자식과 자신의 불분명한 경계 의식 등 여러 심리적인 면들도 작용하고 있다.

이러한 현상을 개인적 측면에서 살펴보면 자식을 위해 스스로 희생했다고 믿는 부모는 자신의 심리적 역동과 욕구에 대해 잘 모를 경우가 많다. 그래서 의식적으로나 무의식적으로 자식들에게 보상을 요구할 가능성이 높다. 또 이런 경우 자식은 자신의 삶을 살지 못하고(자신의 정체성 상실) 부모의 욕구에 민감하게 반응하는 로봇 같은 생활을 하게 된다. 또 자신의 욕구나 필요가 아닌 부모의 욕구에 따라 살 때 충족되지 못한 욕구를 채우기 위해 부모 뒤에서 허용되지 않는 것을 몰래 하거나, 우울증이나 강박증 같은 심리적 증세를 앓는 불행한 삶을 살 가능성이 높다.

사회적 측면에서는 주체적인 삶을 살지 못하거나 자신의 삶의 자리를 찾지 못한 사람들(강하고 외향적인 성격 요소와 합쳐질 때)은 무의식적으로 부모들을 모방하여 다른 사람들을 조정하는 위치를 추구하기도 한다. 즉 정치, 경제, 사회적으로 어려운 상황을 극복하기 위해 자신이 나서야 한다는 합리화된 구실로 잃어 버렸던 자신의 자리를 찾기 위해 남의 존재와 권리를 부수고 해칠 가능성이 있다.

얼마 전에 <중앙일보>에서 여성을 대상으로 '한국 여성의 가치관과 삶'이라는 설문 조사를 해서 결과를 발표했다. 조사 결과에 따르면 40대와 20대 간에 가치관 차이가 크다고 한다. 특히 '자식의 성공은 나의 성공'이라는 면에서 자녀 의존적 경향은 젊은 세대로 갈수록 줄어들고 있다고 한다. 세상이 변하고 있다는 이야기이리라.

자식을 위해서라면 무엇이든 하는 한국 부모들에게, 자식의 행복을 위해 먼저 자신의 삶을 바르게 잘사는 데 원칙이 있다고 권하고 싶다.

개개인이 자신의 삶의 이치를 연구하고 자신의 마음과 뜻을 바르게 하고 몸을 수양한다면 가정이 바로 설 것이며, 나아가 사회도 밝아지리라 본다. 또한 부모가 변하고자 노력할 때 아이들은 부모를 바라보면서 삶을 배우고 부모를 사랑하고 존경하게 되며, 참다운 인격과 인성을 발달시켜 나가게 된다. 아이비리그에 안 들어가도, 의사나 변호사가 되지 않아도, 자신의 삶과 존재에 만족하며 가족들과 주위 사람들을 사랑하는 참다운 홍익인간이 될 것이다.

참된 가정교육은 황금률을 실행하는 데서

「대학」, 팔조목에는 이런 말이 있다. "덕으로 천하를 다스리려고 하는 자는 먼저 그 나라를 다스려야 하고, 나라를 다스리고자 하는 자는 먼저 그 집안을 다스려야 하고, 집안을 다스리려고 하는 자는 먼저 그 몸을 닦아야 하고, 몸을 닦고자 하는 자는 그 마음을 바르게 해야 하고, 마음을 바르게 하고자 하는 자는 먼저 그 뜻을 정성스레 해야 하고, 뜻을 정성스럽게 하고자 하는 자는 먼저 아는 것을 극진히 해야 할 것이다. 아는 것을 극진히 하는 것은 사물의 이치를 연구하는 데 있다."

사물의 이치가 무엇인가를 따지는 여러 이론이 있지만 쉽게 실행할 수 있는 것 중 하나는 존재와 존재는 아주 긴밀히 연결되어 있다는 가장 간단한 것에서 시작한다. 이는 "남에게 대접받고 싶은 대로 남을 대접하라"는 황금률을 말한다.

얼짱 우등생의 자살

얼짱 우등생의 자살

며칠 전 신문 한구석에 얼짱 우등생의 투신 자살 기사와 어떤 아버지가 가족을 차에 태우고 자살, 살인 방화한 기사가 실렸다. 두 기사는 날짜도, 장소도, 또 사람들도 달랐지만, 공통점은 죽음을 택할 수밖에 없을 정도로 삶이 고통이었다는 것이었다.

외아들에 대한 부모의 기대 속에서 얼짱 청소년은 우등생임에도 불구하고 성적이 떨어져 심리적 부담이 컸다고 했다. 또 자식을 위해 자신의 삶을 희생했다고 믿었던 아버지는 아들의 저조한 성적에 실망하고 분노해 식구들을 모두 차에 태우고 불을 질렀다고 했다. 고통 속에서 꽃다운 생명들이 한순간에 졌다.

남보다 월등히 공부를 잘해야 좋은 대학에 가는 것이 한국의 현실이다. 좋은 대학에 가지 못하는 사람들은 열등 인간이고 앞날에 대한 보장은 물 건너갔다는 믿음 때문에 얼마나 많은 꽃 같은 생명이 움츠러들고 고통 속에서 생명을 상실할지 생각하면 마음이 쓰리다.

자살과 비슷한 측면에서 왕따나 내신 전쟁(?), 친구도 경쟁 상대가 될 수밖에 없는 한국의 현실은 사회 문제이며 가정 문제이고 또한 교육 문제이다.

아이가 자라서 건강한 어른이 된다는 것은 개인의 행복과 사회적 안녕을 위해 참 중요한 일이다. 어린아이들은 사회가 어찌 돌아가는지 알 수 없고 또 관심도 없다. 그들에게는 부모가 세상이다. 아이들은 부모와의 관계 속에서 자신이 누구인지 알게 된다. 또 부모의 믿음, 사고, 감정, 행동을 자신의 부분으로 내재화하면서 세상이 어떤지에 대한 믿음을 갖게 된다.

따라서 성적, 다른 말로 '성취'가 삶의 가치 기준이며 믿음이라는 사회적, 가정적 환경은 아이들로 하여금 원하는 성적을 받지 못할 때 절망하게 한다. 성취도 중요하지만 절망이나 실패는 삶의 부분이고 절망을 통해 희망이라는 길을 선택할 수 있다는 가치와 믿음을 아이들에게 심어 주어야 한다.

절망과 고통 가운데 있는 사람들에게 들려 주고 싶은 일화가 있다. 죄 없이 감옥살이를 하게 된 사람에게 일속자(좁쌀 하나) 장일순 씨가 난초 그림과 더불어 편지를 보냈다고 한다. "자네는 지금 수행하기 아주 좋은 기회를 얻었네. 부디 그 좋은 기회를 헛되이 보내지 않기를 바라네."

고통은 자신이 믿고 있는 것이 무엇인지를 바라보게 한다. 삶의 본질이 무엇인지를…….

"대장금" 속에 나타난 삶의 지혜

인간은 생리적, 심리적, 사회적, 또 관계적 동물이다. 따라서 의식주를 추구하는 기본적 생존 욕구와 심리적, 사회적, 또 관계적 욕구가 충족되지 않을 때는 심리적 또는 신체적 고통을 느낀다. 따라서 인간은 비단 옷과 찬란한 보석으로 치장된 왕태자이건 어두운 길거리에서 이슬을 맞고 밤새 떨며 지내는 거지이건 고통의 내용이 다르고 정도 차이는 있어도 모두 고통을 느끼며 산다.

죽음이나 실직 같은 상실 상황 속에서도 사람들은 저마다 다른 반응을 보인다. 자살을 택하기도 하고, 술이나 마약 중독에 빠져 폐인이 되는 길을 선택하는 사람들도 있다. 그런가 하면 어떤 사람들은 고통을 넘어 인격적으로 성숙해지고 삶의 영역을 넓혀가기도 한다.

인지 치료는 사람들이 보이는 천차만별의 반응 차이를 각 사람이 가지고 있는 믿음과 사고의 차이에 기인한다고 해석한다. 정신 분석은 반응 차이가 현실을 파악하고 내적 갈등을 조절할 수 있는 자아의 성숙도에 있다고 본다.

드라마 "대장금"이 인기 있다. 심지어 "대장금 다이어트"라는 말을 한다. K는 대장금 비디오 테이프를 빌려 보느라 밥을 굶어서 체중이 3kg이나 빠졌다고 한다. K는 대장금을 보고서 모든 역경은 의미가 있다는 것을 느꼈다고 한다. 역경은 겪는 중에는 알 수 없지만 역경이 끝날 때 의미를 발견하게 되고 또 역경을 거치면서 사람이 강해진다는 것을 배웠다고 했다. 그래서 하나님께 역경을 보내달라고 기도한다고 했다.

어찌 보면 황당한 기도이지만 참으로 자신의 삶을 사랑하기 때문에 그런 기도가 가능하다고 본다.

실컷 울고 얘기하자—원형탈모증

실컷 울고 얘기하자 – 원형탈모증

백인만 사는 동네에 처음 이사와서 잔뜩 긴장하고 있던 나를 반갑게 맞아준 사람은 모린이었다. 그녀는 웃으면서, 도와줄 게 있는지 묻곤 했다. 그런 모린이 세상을 떠난 지 벌써 1년이 넘었다. 속이 아파 병원에 진찰받으러 갔던 모린은 정확하게 3개월 만에 39세라는 젊은 나이에 세상을 떠났다. 병문안을 갔던 나에게 속이 아프면 병원에 바로 가라는 말을 남기고…….

그 후, 모린을 각별히 사랑하던 남편은 머리가 반백이 되었다. 또 그의 심리적 상태를 반영하듯이 원형탈모증으로 여기저기 머리카락이 듬성듬성 빠졌다. 밝고 명랑하던 모린의 딸은 살이 엄청 쪘고, 늘 담배를 입에서 떼지 않고 있다. 그들을 볼 때마다 "요즈음 어때요?"

하고 인사한다. 그들은 한결같이 "모든 것이 괜찮다"고 한다.

9 · 11 테러 이후 텔레비전에서 많은 희생자 가족들이 자신의 심정을 절제하는 것을 보면서, 자신들의 아픔이나 상실을 표현하는 방법이 한국 사람과는 많이 다르다는 것을 느꼈다.

요즈음 한국 장례식 모습이 어떤지 모르겠으나, 20년 전만 해도 상가에서는 유가족이 땅을 치고 우는 것이 보통이었다. 땅을 치고 우는 모습이 자칭 지식인에게는 치졸해 보일지라도 정신심리학적으로는 매우 건강한 모습이다. 시인 잉겔로(Jean Ingelow)는 "눈물은 (마음의, 삶의) 땅을 비옥하게 하는 소나기"라고 하였다.

소중했던 사람들이 특히 젊은 나이에 갑작스럽게 세상을 달리할 때 남아 있는 사람들은 언어로 표현할 수 없는 상실의 고통을 느낀다. 모린의 남편과 딸은 모린을 상실한 자신들의 아픔이 얼마나 큰지 볼 수도 드러낼 수도 없었기에 몸으로나마 상실의 아픔을 드러내고 있었다.

상실을 부인하는 긍정적 면이 고통의 경감이라면, 부정적 측면은 상실을 경험하는 사람이 상실을 넘어서 삶을 추구할 수 없다는 점이다. 스스로 좋아서 '머무르고 싶은 순간'으로 간직하는 것이 아니라, 자신도 모르게 무의식적으로 상실의 순간에 삶을 정지하고 상실의 슬픔을 자신의 삶의 운명으로 만드는 것이다. 따라서 상실을 경험하는 사람들에게 권하고 싶은 것은 괴롭고 남 보기에 유치해 보인다 할지라도 실컷 울고 가슴 아픈 것을 이야기해야 한다는 것이다. 그러다 보면 상실을 넘어 상실을 메워 줄 수 있는 사람도 눈에 보이고 원형탈모증도 예방할 수 있기 때문이다.

떠나보냄의 미학 – 상실의 이해

상실은 죽음만을 의미하는 것이 아니라 '떠나보내는' 모든 것을 포함한다. 직업의 상실, 믿었던 애인이나 배우자의 배반, 이혼, 생명같이 여겼던 자식을 잃거나 사업의 실패, 꿈의 상실, 질병 등…….

자신에게 소중한 것일수록 상실했을 때 사람들의 첫 반응은 상실의 사실을 부인하려 한다는 것이다. 심한 경우는 아예 상실이 생겼다는 사실조차도 인지하지 못하는, 사실 부인의 상태를 경험한다.

젊고 똑똑한 H는 정신분석 치료 과정 중에서 경악을 금치 못하는 사실을 발견하였다. 그는 생명같이 사랑하던 약혼자와 파혼하였다. 그의 기억 속의 파혼은 9월이다. 그러나 사실 7월에 파혼했다. 그의 상실의 고통이 너무나 컸기에 2개월간의 기억 상실로 나타났다. 이러한 사실 부인의 대표적인 인물은 드라마 "여인천하"의 조정암일 것이다. 믿고 믿었기에 상감이 자신을 내쳤다는 사실을 믿을 수 없어서 사약 사발을 앞에 두고서야 자신이 상감에게 버림받았다는 사실을 깨닫는다. 천하의 흐름을 바꿀 수 있는 역량을 가진 인물도 인정을 가진 사람이기에 상실의 아픔 앞에서는 어쩔 수 없었던 것 같다.

살면서 상실을 경험하지 않는 사람은 없다. 고통스럽더라도 상실을 인정하고 수용할 때 다음 단계의 삶의 문이 열린다. 상실한 사람들에게 떠나보냄의 미학을 연습하라고 권하고 싶다.

러시아 인질 사태

긴 여행에서 돌아오니 벌써 여름 턱을 넘어 다음 골목 모퉁이를 돌면 가을이다. 바쁘다는 핑계로 여름 내내 세상 돌아가는 소식과 담을 쌓고 살았다. 어쩌다 본 텔레비전에서 러시아 인질 테러 뉴스를 접하면서 너무나 가슴이 아팠다.

인질 사태를 보면서 인간이 살아가는 동안 피할 수 없는 많은 드라마를 볼 수 있었다. 또 인간은 고통과 불행 앞에 무력할 수밖에 없는 유한한 존재라는 사실이 더욱 절실하게 느껴졌다.

한 프랑스 어린이 정신분석가는 이 사태가 인질이 되었던 러시아 어린이들에게 미칠 심각한 영향에 대해 보고하였다. 절대적 존재 위협을 경험한 사람들은 얼마나 어린 나이에 경험했나, 또 자아가 얼마나 성숙한가에 따라 이후의 삶에 영향을 받게 된다. 또 가족이나 친구들이 위기 경험을 얼마나 이해하고 감정적으로 지지하는가에 의해 경험 이후의 삶의 질이 달라진다.

위기 경험자들은 위기 경험 후에 인식, 감정, 행동에 변화를 경험한다. 그들에게 더 이상 눈에 보이는 세상이나 사람이나 작은 사건은 같은 세상, 사람, 사건일 수가 없다. 따라서 적절한 치유를 받지 못했을 경우에 일상적인 삶 속에서 보람을 느끼거나 희망과 의미를 찾는 것이 참으로 헛되다고 느낀다. 행복하게 산다는 것이 힘들고 일상적인 삶에서 보람과 의미를 찾는다는 것이 힘들다.

이렇게 되는 이유는 위기 상황 속에서 느꼈던 무력감에 기인한 분노이다. 위기 경험 후 보통 2~3년 후에 후유증이 심화되는 경우가 많다. 따라서 자신 속에 있는 아픔과 자신의 상태를 더욱 주의해서 직시하고, 가능하면 자신 속에 있는 아픔을 드러내야 한다. 또 분노가 정도 이상으로 치밀 때는 자신 속에 분노가 있다는 것을 인정하고 화가 날 때 폭력보다는 다른 방법으로 표현해야 한다. 즉 자신 속에 있는 자원을 계발하여 삶을 재정비한다면 고통을 넘어 가을의 추수를 꿈꿀 수 있는 보람 있는 삶을 살 수 있다.

또 러시아 인질 사태를 겪지 않았다고 해도 삶 속에서 인질이 된 것같이 무력감을 느꼈거나 느끼고 있는 사람들에게 자신 속에 분노가 있는지 살펴보고, 증세가 심각하면 식구들의 도움을 구하고, 그래도 안 되면 전문가의 도움을 받으라고 권하고 싶다.

5·18 민주 항쟁과 소망

8월의 한국 방문은 참으로 귀했다. 호남신학대학원이 있는 광주에 머물면서 귀한 많은 경험을 했다. 그중의 한 가지가 5 · 18 국립 묘지에 갔다 온 일이었다. 그 곳에 첫발을 디디면서 텔레비전에서 보던 1980년 5 · 18 민주 항쟁(처음에는 광주 사태로 불림)의 처참했던 장면들이 생각났다. 묘지에 대한 첫인상은 많은 사람들의 고통과 분노가 아름답게 포장되었다는 것이다. 그래서 순간적으로 한국과 많은 사람들의 앞날이 걱정되었다. 억압되거나 억제된 분노는 기회가 허용되면 타인이나 자신을 향한 폭력으로 나타나기 때문이다.

기념관에서 당시의 생생한 기록을 보면서 이름도 모르는 수많은 사람들이 겪었던 아픔과 두려움, 고통에 가슴이 저려 돌아서서 눈물을 흘렸다. 묘지를 떠난 후 사건의 전후와 기록을 다시 읽으면서 새로운 것을 많이 깨달았다.

처음으로 5 · 18 민주 항쟁을 통해 광주 시민들이 참으로 아름다운 사람들, 삶의 원리인 사랑과 정의가 무엇인지를 아는 사람들이라고 생각했다. 그들은 자신들에 대해 바르지 않았던 평가에 대해 폭력으로 호소하지 않았다. 18년이라는 긴 세월 동안에 사회적으로 인정되는 체널을 통해 이 사건의 진실을 모르는 대중에게 바른 인식을 심어 주었다. 결국 올바른 평가를 받아내어 자신들의 아픔을 인정받고 자존감을 세웠다. 무덤 속에 잠자고 있는 사람들은 더 이상 폭도가 아닌 민주 항쟁의 일꾼이 되었다. 놀라운 자존감이다. 이것은 광주 시민들이 가지고 있는 집단적 무의식과 개개인의 정신적인 건강 없이는 불가능한 것이었다. 나는 그들 속에서 한국인이 가지고 있는 무의식적 자원을 보았다. 미국에서는 9 · 11 테러 3주년이 된다. 이런 저런 사태들로 인해 심리적, 정서적으로 긴장된 많은 사람들이 광주 사람들에게서 배울 수 있을 것이다.

강박적 충동 구매증

L씨는 보통 상점에 가서 직접 구매하거나 카탈로그를 통해 구매하는데 보통 분명한 동기, 즉 생일 또는 감사 선물, 집안에 필요한 물품 외에도 추가로 구입하곤 한다. 그런데 자신의 지출에 불평하는 남편은 자린고비, 짠 사람이고, 자신보다도 돈을 더 사랑한다고 종종 불만을 토로했다.

지난 주말 L씨는 남편과 성탄절을 준비하면서 각자가 상대방 배우자에게 기대하는 것에 대해 구체적으로 대화하였다. 대화 내용 중에는 지난 한 해 매월 개인적으로 지출한 금액과 지출 명세서도 들어 있었다. 부부가 다 전문직에 종사하고 있고 풍족하게 벌기에 L씨는 그동안 적지 않은 돈을 매월 지출했다. 문제는 산 물건을 사용하지 않고 있거나 비슷한 물품을 구입하는 경향이 있다는 것이다. L씨의 구매 충동과 관련한 상담 분석 결과, 그는 구매를 통해 심리적 자유와 만족을 느끼고 있었고 물건을 통해 자신의 존재를 구체화한다는 것이 나타났다.

정도의 차이는 있으나 L씨의 경우와 비슷한 사람들이 미국에 6천만 명이 넘는다. 며칠 전 <중앙일보>와 결혼 정보 회사 듀오가 공동 조사한 바에 의하면, 한인 중 약 20%가 올해 크리스마스 선물 비용 지출을 늘릴 계획이라고 한다. 주는 것이 받는 것보다 복이 있다는 말씀과 지난 한 해 자신이 누린 복을 세면서, 일년 동안 고마운 사람들이나 소중한 사람들에게 작은 정성을 표시하는 것은 삶의 질을 높이고 자신을 가꾸는 행위인 것만은 분명하다.

개인적 수입의 차이는 있겠지만 일반적으로 미국 전체의 불경기가 심화되고, 한인들의 경우도 크게 예외는 아닐 것으로 보인다. 이러한 때에 선물 지출이 늘어난다면 주의를 기울일 필요가 있다. 특히 씀씀이가 적지 않다고 자타가 인정하는 사람들의 경우는 더욱 그렇다.

삶의 질과 관련해 아주 부정적인 영향을 미치는 증상 중에서 DSM−V(모든 종류의 정신적, 정서적 병증이 들어가 있는 책)에도 안 들어가 있는 특별한 증상이 강박적 충동 구매증(Compulsive Shopping)이다. 이 같은 증상은 물건을 사는 것을 장려하고 합리화하는 분위기가 고조되는 추수감사절 이후 성탄절, 연말 연시를 지나면서 더욱 심화되는 경향이 있다.

강박적 충동 구매증은 일종의 중독증이다. 심한 경우는 경제적 또는 가정 파탄을 야기한다. 이런 증세를 가지고 있는 사람들은 보통 증상의 심각성을 부인하고 주위의 시선과 비판을 피하기 위해 자신들이 무엇을 언제 어떻게 구입하는지에 대해 남에게 비밀로 하는 경향이 있다. 또 이야기할 수밖에 없는 경우에는 가격을 일부러 낮춰 말하는 경향이 있다.

L씨와 같이 강박 충동 구매자들은 합리적으로 구매할 수 있는 여러 이유를 가지고 있으나 많은 경우에 자신에게 필요한 것도 아니고 원하는 것도 아닌 것을 사고 나서 되물리는 행위를 되풀이하기도 한다. 심한 경우는 자신이 산 것을 옷장에 넣어 놓고 무엇을 샀는지 잊어버리는 심리적 망각(emotional black out)을 경험하기도 한다. 다른 중독증과 마찬가지로 충동 구매자들은 상점에 들어서는 순간에 분위기, 빛깔 등 여러 자극을 통해 심리적 흥분을 느끼고, 자신을 통제할 수 없는 흥분과 충동으로 물건을 사고 심리적 만족감을 느낀다. 그러나 후에 심리적 공백감, 수치감, 죄책감을 느끼고 불안, 우울 상태를 경험한다.

어느 정도 반성하고 물건 구입을 절제하나 어쩔 수 없는 심리적 공백감 때문에 다시 구매를 반복하는 행동 심리 패턴을 되풀이한다. 이 증상을 겪고 있는 사람들의 약 90%가 여성들인 것은 가정에서 보통 여성들이 물건을 사는 역할을 하고, 남성들보다 술, 마약, 섹스에 상대적으로 기회가 적고, 다른 중독증보다 죄책감을 덜 유발하기 때문인 것으로 추정한다.

많은 경우 이 증상을 앓고 있는 사람들은 본인도 모르게 우울증, 조울증, 불안증을 가지고 있는 경우가 많다. 따라서 근본적 치료 없이는 반복적으로 충동 구매를 하게 되고 결국 자신과 주위 사람들에게 많은 피해를 끼치기 쉽다. 증상이 가벼운 경우는 혼자 상점이나 백화점에 가는 것을 피하고, 신용 카드는 집에 두고 현금으로 구매하며, 꼭 필요한 목록을 적어 가지고 다닌다. 특히 세일 기간과 바겐 아울렛에 가는 것을 피하는 것도 지혜이다.

속눈썹, 길상과 능금

속눈썹, 길상과 능금

인기 있는 텔레비전 드라마를 보고 있으면 내용 전개나 인물을 통해 사람들이 무의식적으로 가장 원하는 것을 간접적으로 체험하게 하는 것을 발견할 때가 많다. 텔레비전과는 거리가 먼 나 역시 요즈음 매주 빼놓지 않고 보고 있는 드라마가 있는데 그것은 "여인 천하"이다.

특히 전공이 전공이다 보니 사람들의 무의식적인 욕구와 행동에 많은 관심을 가지고 보게 된다. 여성으로서, 천민으로서 주어진 이중 시련에 대한 난정의 도전 의식과 능력, 인간으로 인정받고자 하는 욕구가 변형된 집착, 또 사람들이 갈등과 고통을 피하는 방어기제, 운명을 통제하고자 하는 인간의 노력과 그것을 뭉개버리는 하늘의 조화, 한마디로 흥미진진한 다양한 삶의 이야기가 나타나 있다.

그러나 운명적 삶과 권력 투쟁이 전부라면 드라마 속에서도 인간은 살 의미를 상실할 것이다. 떨떠름한 인간들의 이야기 속에서 그래도 입맛에 찰싹 당기는 초콜릿 같은 부분은 길상과 난정, 능금과 길상의 얽히고 설킨 삼각관계이다. 길상이 난정을 찾아가 생명을 아끼라고 충고하면서, 난정이가 죽으면 자신도 살 이유가 없다고 고백하는 장면이 있었다. 또한 자기를 여인으로서 조금도 사랑하지 않는 길상의 생명을 위해 생명보다도 귀한 정조를 아낌없이 내놓는 능금의 사랑은 심금을 울렸다.

드라마를 보면서 며칠 전에 서울에 있는 친구가 보낸 그림 카드에 실려 있던 "속눈썹"이라는 시가 떠올랐다. 류시화 시인이 쓴 글이다.

너의 긴 속눈썹이 되고 싶어
그 눈으로 너와 함께
세상을 바라보고 싶어
네가 눈물 흘릴 때
가장 먼저 젖고
그리움으로 한숨 지을 때
그 그리움으로 떨고 싶어
언제나 너와 함께
아침을 열고 밤을 닫고 싶어
삶에 지쳤을 때는
너의 눈을 버리고 싶어
그리고 너와 함께

흙으로 돌아가고 싶어.

길상과 능금의 이야기는 모든 남녀의 마음속에는 욕구, 즉 자신을 속눈썹같이 숭배하는 상대가 있기를 바라는 욕구를 어느 정도 표현하고 있다. 여자는 자신을 위해서 목숨을 버릴 수 있고 그림자같이 따라다니며 자신을 보호해 주는 길상을 만나기를 기대한다. 또한 남자는 자신을 위해 기꺼이 모든 것을 희생하는 능금이 자기 주변에 있기를 고대한다.

생물학적으로 동물은 나이가 차면 종족 보존을 위해 짝을 찾는 것이 정상이다. 만물의 영장으로 자처하는 인간은 종족 보존의 이유만으로는 짝을 맺는 것이 덜 고상한지, 상대의 속눈썹이 되고자 하는 관계가 아니면 유치하다고 생각하는 것이 보통이다.

따라서 상대가 사랑한다고 고백하면 유부남과의 불륜의 관계도, 로미오와 줄리엣같이 독약도 마다하지 않는 것이다. 흥미로운 것은 그렇게 시작한 관계도 같이 산 지 6개월에서 3년만 되면 상대의 큰 콧구멍과 땀구멍만 보이고, 예전에는 전혀 느끼지 못했던 발 냄새도 역겨워지는 것이다.

이는 '네가 나를 속였지, 내가 나를 속였지' 하며 복장을 치는 단계로 속눈썹이 빠지는 단계다. 그러나 이는 서로간에 사랑이 식어서라기보다는, 하루 동안에 하늘의 빛깔이 시시각각 변하듯이 사랑의 구성물이 달라져 생기는 현상이다.

속눈썹의 단계는 흔히 '눈먼 사랑'으로 몸 속에서 약동하는 호르몬이 주범이다. 속눈썹이 빠지는 단계는 '친밀한 사랑'의 단계로 들어가는 관문이 열릴 때이다. '친밀한 사랑'이란 현실, 진실, 그리고 용납함에 바탕을 둔 차원 높은 사랑으로 노력과 용기가 필요하다.

따라서 상대방의 큰 콧구멍 때문에 새 속눈썹이 그리운 사람들은 하루에 한번쯤은 '와! 이제 더욱더 차원 높은 사랑으로 들어간다, 신난다(억지로라도)' 하면서 '그래도 내 마누라, 내 남편이 최고지' 하고 자신에게 이야기하기를 권한다.

신화 계승, 민족적 결심이 필요한 때

신 화 계 승, 민 족 적 결 심 이 필 요 한 때

프랭클린 루스벨트는 "장래에 큰 인물이 되기를 원하는 젊은이나 죽은 뒤 큰 인물 가운데 들고 싶은 젊은이는 단순히 수많은 장애를 극복하려는 결심만 해서는 안 됩니다. 헤아릴 수 없는 반대와 패배에 직면해서도 그 장애를 극복해 낼 수 있는 결심이 필요합니다"라고 말했다.

며칠 전 플러싱에서는 수많은 젊은이들이 차에 태극기를 걸고 환호성과 함께 '대~한민국'을 외치며 거리를 누볐다. 그들의 흥분은 한국의 성공은 곧 자신들의 성공이라는 일체감의 표현이었다. 개인주의와 물질주의에 젖어 집단 개념이 부족한 것은 아닌가 의구심을 자아내게 하던 그들이 집단에 소속되고자 하는 무의식적 바람을 표현한 것이다.

2002년 월드컵의 성공은 광개토대왕이 만주를 정복한 이래의 대 성취이다. 만주를 흔들던 자긍감의 회복이며, 미래를 바라볼 수 있는 집단으로서의 정체성과 응집력을 보여 주었다. 낙하산식으로 권력층에서 의도적으로 지시한 것이 아닌, 모든 한국인들이 자발적으로 하나가 된 사건이었다.

월드컵은 이제 한국인들에게 상징이며 신화적 성격을 지닌다. 상징은 집단 무의식 속에 있던 원형이 의식과 대화하기 위해 인지할 수 있는 형태로 떠오른 것을 말한다. 물론 해석을 어떻게 하느냐에 따라 다를 수 있다. 예를 들면 로마 시대 처형으로 사용되던 십자가, 죽음과 고통을 상징하는 십자가가 그리스도인들에게 부활과 생명, 사랑의 상징인 것과 같다.

월드컵은 개개인에 따라 다른 의미가 있겠지만 집단적으로는 잠재되어 있던 욕망, 즉 남녀노소, 빈부, 정당의 차이, 종교의 차이, 지역감정을 초월하여 하나가 되고 싶다는, 세계에 한국이라는 존재가 얼마나 아름다운지, 힘이 있는지를 분명하게 드러내고자 하는 소망과 욕망이 무의식 속에서 분출된 사건이며 상징이다.

월드컵은 성공, 일체감, 존재의 부각, 패배로부터의 자유, 도전의 아름다움, 초월, 미래의 가능성 등 많은 상징이 된다.

역사 속에서 침체된 민족의식

그동안 한국인들은 서양에 대한 열등의식, 식민 사관과 계속된 민족적 수난, 지역감정, 개개인은 똑똑하나 모이면 실패하는 민족, 민족을 수탈하는 지도자들에 대한 불신감으로 인해 부정적 정체감에

허덕였다. 좌절로 점철된 역사 속에서 '한(恨)'으로 표현되는 민족적 자아상은 건국 이래 침략만 당했던 역사와 무관하지 않다.

공격에 노출되어 있는 사람들의 정신과 정서 상태는 정상일 수가 없다. 가장 치명적인 것은 자신을 제외한 타인에 대한 불신과 더불어 자신감과 존중감과 자긍감을 간직하기 힘들다. 따라서 한국인들 개개인이 그러한 성향이 있는 것은 당연한 것이다.

나라도 개인과 마찬가지이다. 집단으로서의 의식이 있다. 건국 이래 침략을 수없이 당한 한국 역시 집단으로서의 자존심은 있어도 자긍감과 존중감이 부족하였다. 특히 문화적으로 앞선 큰 나라, 서양인들 앞에서는 왠지 모르게 늘 주눅이 들어 게임에서 지는 것이 보통이었다. 그러한 한국 사람들은 월드컵을 통해 우리도 하나 될 수 있고 또 성공할 수 있다는 가능성을 자신과 세계에 표현했다.

모든 신화 속에 민족정신의 근원으로 이미 무의식 속에 잠재되어 있던 소망과 욕망, 가능성을 찾을 수 있다. 이민 사회에서 발견한 신화는 한인 2세들이 보여 준 열기에서 찾을 수 있다. 미국화되어 한국 문화와는 상관없는 존재라고 보였던 2세도 한국인이며 그들 안에 모국의 정신적 탯줄이 있고, 민족을 사랑하고 하나 되고 싶어한다는 소망의 신화를 창조하였다. 그 귀한 신화를 어찌 살려 나갈지는 우리의 과제다.

역기능적인 자아의 역할을 극복하고 자신의 가능성을 도전하고 실현하면서 자기실현을 이루어 나가는 것이 건강의 척도라 한다면, 2002년 월드컵의 4강 진출은 그동안의 부정적인 한국인의 자아상을 극복하고 가능성에 도전하여 자기 실현을 이루고자 하였던 한민족 안에 내재되어 있는 건강의 가능성을 표현한 것이다.

개인과 마찬가지로 집단은 집단의식과 무의식에 의해 스스로 자신의 이야기를 만들어간다. 교류분석 심리 치료사인 번스는 모든 인간은 자신의 무의식적인 이야기를 만들어가는 것이 삶이라고 하였다. 따라서 실패자의 이야기를 가지고 사는 사람은 계속 실패할 수밖에 없다. 치유는 무의식의 이야기를 의식화하여 자신이 선택하는 이야기를 만들 수 있을 때 삶의 변화가 일어난다.

이러한 측면에서 본다면 역사 이래 좌절과 한으로 점철된 한민족의 피해 의식과 부정적 사고는 새로운 신화의 창조로 인해 긍정적인 민족상으로 변화될 수 있다. 특히 2세를 위해 새롭게 창조된 월드컵 신화를 살려 보존하는 것은 새로운 민족적 과제이며 이민 사회의 도전이다. 신화를 계승하기 위해 반대와 패배에 직면해서도 그 장애를 극복해낼 수 있는 결심, 민족적 결심이 필요한 때다. 왜냐하면 건강한 삶은 실패 없는 삶이 아니라 실패를 두려워하지 않고 실패를 넘어서 가능성을 실현해 가는 삶이기 때문이다.

진실을 말하는 만우절?

진실을 말하는 만우절?

50년 전만 해도 한국에서는 생계를 유지하는 방법, 즉 "사농공상"(士農工商)으로 자신이 속한 사회 계급을 알 수 있었다. 특히 "사"(士)는 공무원들로, 농업에 종사하는 사람이나 공장에서 일하는 사람들이나 장사하는 사람들이 누리지 못하는 학문의 기쁨을 누리는 특권 계급으로 선망의 대상이었다. 공무원이 되기 위해서는 공부를 열심히 해야 했고, 그래서인지 부모 다음으로 선생님들은 존경을 받았었다. 선생님의 그림자는 밟지도 않는 것이 그 당시 정서였다. 가르치는 위치에 있는 사람들은 돈은 없어도 명예라는 것을 누릴 수 있었다.

정식으로 연구해서 쓰는 논문은 일년에 2편 쓰기도 힘들다. 그런

데 신문에 어느 대학 교수가 논문을 140편 이상을 제출했고 상당히 많은 교수들이 자신이 쓰지도 않은 논문을 자신이 쓴 것같이 제출했다는 놀라운 기사가 나온 지 한 달도 안 된 것 같은데, 유학생들이 대학원 에세이나 추천서를 대필하거나 경력을 부풀려서 명문대에서 줄줄이 입학 취소를 당하고 있다는 기사를 읽었다. 국가적으로 믿었던 황 교수가 논문을 조작했다는 사실에 충격을 받았던 것이 아직도 가시지 않았는데 이러한 보도를 보면서 이제는 덜컥 겁이 난다. 황 교수가 너무나 당당했던 것이 혹 이런 풍토 때문인가?

"마이 걸" 이라는 인기 드라마에서, 거짓말을 잘하는 여자 주인공이 남자 주인공에게 거짓말을 잘하는 방법은 "당당하게, 꿋꿋하게, 마지막까지 우기는 것" 이라고 하는데 황당한 그녀의 말이 어느 정도 설득력 있다고 볼 수 있다. 두 사람이 다툴 때 솔로몬 왕 같은 사람들을 제외하고는 누가 거짓말을 하는지 진실을 가리기가 힘들기 때문에 대부분 자기와 가까운 사람들, 그리고 설득력 있게 우기는 사람의 말을 믿게 되어 있다.

진실을 먹고 살아야 하는 교육자들도 거짓말을 한다. 왜냐하면 인간은 어려서부터 거짓말을 하게 되어 있기 때문이다. 아주 어린아이들은 현실과 자신의 세계, 환상을 구별하는 능력이 없기 때문에 거짓말인지 모르면서 거짓말을 한다. 예를 들면 오줌을 싸고 나서 인형이 그랬다고 할 때는 거짓말을 한다는 의식이 없다. 그러나 부모가 못 보게 성적표를 감추는 것, 여자 친구랑 놀러가면서 회사 일로 출장 간다고 하는 것은 의도적으로 거짓말하는 것이다.

즉 거짓말에도 남을 속이려는 의도가 있었는가와 관계적 성격에 따라 질이 달라질 수 있다. 토마스 아퀴나스는 거짓말을 의도에 따라

악의의 거짓말과 이타적 거짓말로 구별하였다. 거짓말하는 사람은 여러 가지 이유로 한다. 즉 자신의 곤란한 상황을 모면하기 위해, 처벌이나 책임을 피하기 위해, 약점을 감추거나 자존감을 지키기 위해, 남에게 과시하기 위해, 다른 사람의 감정을 상하지 않게 하기 위해 등의 이유가 있다. 적당히 사회적 관계를 부드럽게 하기 위해 남을 속이려는 의도가 없는 거짓말은 필요하기도 하다.

《탈무드》가 허용하는 거짓말의 경우는 누가 이미 물건을 산 후 어떠냐고 물을 때 설령 그것이 좋지 않아도 좋다고 하는 경우와, 결혼하는 친구에게 부인이 정말 미인이라고, 행복하게 살라고 거짓말하는 경우라고 한다.

거짓말이 문제가 되는 경우는 자신의 이익을 위해 남이 피해를 보는 것을 알면서도 남들을 속이기 위해 꿋꿋하고 당당하게 스스로 믿을 정도까지 거짓말을 할 때이다. 특히 거짓말이 현실 왜곡의 현상일 때, 심하면 망상이나 분열증의 증상일 수도 있고, 인격 장애의 증상일 수도 있다.

거짓말은 환경의 영향을 받는다. 일례로, 아이들은 자신이 처한 환경(가정, 학교)에서 심하게 심리적 압박을 받거나 좌절할 때, 부모의 기대가 너무 커 감당하기 힘들 때, 방치될 때 등, 의지보다는 환경에 의해 거짓말할 경향이 높다. 또 자라면서 거짓말을 함으로 손해 본다는 것을 배운다. 그러나 성장하면서 거짓말이 나쁘다는 것을 배우지 못했을 경우, 거짓말하면서도 양심의 가책을 느끼지 못하는 범죄 성향의 성격을 지니게 될 수 있고 또 그런 사람들이 많으면 사회가 병들게 된다. 혹 한국 사회에 만연한 거짓말(?) 현상은 사회에 내재되어 있는 병리적 현상, 존재의 인정보다는 성취에 대한 지나친 기대가 증상화된 것은 아닌지, 아니면 가치 교육이 형성되지 않은 것인지 걱정된다.

또 거짓말 중에서 가장 만연한 거짓말은 가족 구성원들, 특히 부부 사이의 거짓말이다. 해리엇 러너는 부부 관계 속에서 나타나는 거짓과 속임은 많은 경우 상대에 대한 신뢰의 부족이라고 보았다. 갈등 대면의 고통을 피하기 위해 모든 것이 다 괜찮은 양 꾸미는 관계는 갈등을 극복하고 서로 성장하며 더 질적인 관계로 나아갈 수 있는 길을 차단한다고 했다.

4월 1일은 만우절이다. 거짓말이 허용되는 날이다. 심리적으로는 일년 중 한 날에 그동안 눌러 놓았던 거짓스러운 욕구를 발산시키는 날이라는 점에서 긍정적이다. 이제는 거짓의 유혹을 극복하고 자신의 성장과 진정한 명예와 신뢰를 위해서라도 4월 1일만은 진실을 말하는 날(탈무드의 정신으로 하는 거짓말만 빼고)이 되면 어떨까 상상해 본다.

제2부 병리적 자해증

가면을 벗으면서 발견되는 영성과 기쁨

가면을 벗으면서 발견되는 영성과 기쁨

얼마 전 이름을 대면 다 알 만한 사람(사람들이 원하는 모든 것을 가진 사람)이 심심하고 행복하지 않다면서 모험하고 싶다는 생각을 한다고 했다. 중년기를 지나면서 자극이 필요한가 보다고 생각할 수도 있지만 그의 말은 무엇이 사람을 행복하게 만드는가 하는 질문을 하게 했다.

사람이 행복하지 않은 데는 여러 이유가 있을 수 있지만 요즘 사람들은 자극적이고 생동감이 있는 삶이 아니면 심심하다고 생각하고, 심심한 것은 불행한 것이라고 생각하는 사람들이 많다. 그러나 인간에게는 이루고 싶은 야망이나 정신없이 빠질 수 있는 사랑이 있어도 심심해 죽겠다는 말은 하지 않는다. 그래서 그런지 많은 영화들을 보면 둘 중 하나를 이야기한다. 한계적 인간을 초월하는 남녀간의 사랑이나 꿈이라고 불리는 야망을 이야기한다.

지난주 호남신학대학원 기독상담대학원 졸업생과 재학생들이 블랜턴 필 목회자 상담 과정을 이수하고 종업식을 하였다. 공부 과정과 종업식에서 각자가 체험한 하나님의 섭리와 임재는 참으로 귀했다. 호남신학대학원 상담생들은 스파이더맨이었다. 그들은 타인에 의해 가면이 벗겨지는 영화 속 스파이더맨이 아니라 스스로 벗는 스파이더맨이었다.

가면을 벗는 수업과 집단 치유 과정 중에 여러 놀라운 일이 생겼다. 그중에서 어떤 분은 어릴 적 신문팔이 소년에게 고구마를 나눠준 어머니의 사랑이 기억이나 미래를 향한 새로운 결단을 하게 만들었다. 또 기독교와 심리학의 만남에 대한 이해를 통해 새로운 의미의 영성을 발견하기도 했다.

많은 사람들이 예언과 방언, 신유를 하면 영적이라고 생각한다. 그러나 제임스 로더는 참다운 주님과의 만남은 사람을 변형시키고 거기에는 자신에 대한 정직함, 직면이 있다고 했다. 또 주님이 허락하신 자신만의 독특한 형상의 회복과 관계의 회복이 있다.

개개인이 겪는 심리적 증상이 더 풍성한 삶, 사랑과 성장의 공동체를 향한 하나님의 부르심이라는 깨달음은 그 자리에 함께하는 모든 사람들의 피와 세포까지 뜨겁게 만드는 경험이었다. 각자가 부족하고 아픔이 많은 한계적인 삶을 살고 있지만, 네가 있기에 나의 삶이 무의미하지 않다는 경험은 하나님의 임재와 사랑의 증거였다.

참다운 재미가 있고 흥미로운 삶은 내가 너를 만났을 때, 나와 너의 존재를 귀하게 여기게 될 때, 자신과 타인에게 정직하게 될 때, 하나님의 심정으로 사람을 보게 될 때 가능하다. 또 그것이 참으로 영적인 것이라고 본다.

한계적 인간은 절대적 주님의 임재를 체험하게 될 때 어둠이나 가면(융이 말한 '페르소나') 속에 숨는 것이 아니라 가면을 벗고 자신의 본 모습, 형상을 회복하게 된다. 그럴 때 빌 게이츠도 부럽지 않고, 로미오와 줄리엣도 부럽지 않으며, 심심해 죽겠다는 이야기도 할 필요가 없게 된다.

창호지 문화와 심리적 외상

창호지 문화와 심리적 외상

한인들이 가지고 있는 독특한 정서 중의 하나는 창호지 정서이다. 창밖으로 소리가 넘어가지 않는 것을 소중히 생각했던 창호지 정서는 속과 겉의 단아함과 평온함을 추구하는 것이다.

창호지 정서는 또한 '숨김과 가림'의 문화를 말한다. 사극이 아니라도, 20년 전만 해도 많은 집들이 창이나 문에 유리 대신 창호지를 애용하였고, 비밀 얘기를 할 때는 방 안에서 소근소근하였다. 흥미로운 것은 창호지 밖에 있는 사람은 호기심만 동하면 방 안에서 생기는 일들을 볼 수는 없어도, 귀만 기울이면 어떤 일이 일어나는지 들을 수 있었다. 그래서 흔히 사극에서 특히 역적모의나 남을 모해하는 모임을 할 때 문 밖에 파수꾼을 세워 사람의 근접을 막아 말이 새어

나가는 것을 막고자 하는 장면들을 볼 수 있다.

또 창호지 정서는 연한 외부적 재질과 부드러운 빛깔로 안의 모든 것을 가리고자 한다. 속이 어떠하든 외부 모양새는 아름답다. 또 불이 났을 때 뜨거운 화염을 어느 정도 저지할 수 있는 철문에 비해 창호지 문과 창문은 참으로 쉽게 타버린다.

거의 전 세계 사람들을 경악시켰던 9 · 11 테러가 일어난 지 벌써 일 년이 되었다. 많은 미국 사람들, 특히 전쟁이나 기아 등이 지겨워서 미국까지 이민 왔던 사람들에게 세계무역빌딩의 붕괴 사건은 완전한 안전이라는 단어는 지구상 어느 곳에도 없다는 것을 다시 확인시켰다. 얼마 전 보도에 의하면 9 · 11 테러 희생자 명단에 있던 사람 중 기억상실증을 앓고 있는 생존자들이 7명이나 된다고 한다.

많은 기독 단체에서 9 · 11 테러로 고통을 겪는 사람들에 대한 상담을 해주고 있다. 왜냐하면 외상(trauma)은 기억상실증 같은 극적인 증상을 비롯해 여러 종류의 정신적, 정서적 장애를 일으키고 적절한 치유를 하지 않을 경우 개인적, 사회적 측면에서 심각한 부정적인 영향을 끼치기 때문이다. 상담 치유를 받지 않을 경우 개인적으로는 외상 상태에 고착되어 정상적인 삶의 발달 과정을 이루어 나갈 수 없고, 건강한 신앙 발달을 할 수 없다. 사회적 측면에서는 약물 중독이나 폭행, 범죄, 단체적 우울증 등을 유발시켜 사회적 병폐를 야기할 수도 있다.

많은 사람들이 9 · 11 테러에 관련된 상담을 받았고 아직도 받고 있다. 염려스러운 점은 9 · 11 테러로 정신적 또는 감정적 고통을 겪을 한인들이다. 수없는 전쟁과 지도자들의 배반, 가난, 특히 광주 민주 항쟁을 겪은 사람들, 외국에서 자신의 존재를 상실하고 살아가는 한인들은 특히 외상 심리 장애로 고통받기 쉽다.

아무리 감추고 싶어도 창호지 문이나 창문 밖으로 소리와 냄새가 새어 나오듯이 외상 장애를 앓고 있는 사람들은 감추고 싶어도 증상이 밖으로 나타난다. 속에서 상한 냄새가 온 동네에 퍼지기 전에, 또 방 안에서 난 불이 창호지를 태우고 다른 데로 옮기기 전에 불을 끄고 냄새나는 물건을 정리하는 것이 중요하다. 창호지 문화는 밖과 안이 정돈되어 고요할 때 아름답다. 선조들의 지혜가 참으로 크다.

외상 경험과 증상

외상은 보통 존재에 위협이 되는 폭행(violence)을 직·간접으로 경험할 경우를 말한다. 외상을 경험하는 당시에는 극심한 무기력과 두려움을 경험하며 외상 후에는 피해자의 존재를 형성했던 원래의 가치나 관계성, 태도를 회복할 수 없다.

외상 심리 장애를 겪는 사람들은 보통 외상과 관계된 반복되는 꿈이나 생각에 시달린다. 외상과 관련된 경미한 자극에도 심각한 스트레스를 받으며 공포, 무기력감, 수치감, 허무감, 통제력 상실, 자기 상실과 분열, 감각 상실, 삶의 의미나 희망의 상실을 경험한다.

더 나아가 무의식적으로 외상에 관련된 대상이나 사람들을 피한다. 또 무감각 상태를 경험하고 집중할 수 없는 데다 작업 수행에 어려움을 느끼고, 주위 사람과 친밀한 관계를 맺고 유지할 수 없게 된다. 특히 이미 다른 종류의 외상을 겪었거나 나이가 어린 경우, 외상이 복합적인 경우는 더욱 심각하다.

독립기념일에 겪는 우울증

독립기념일에 겪는 우울증

숨쉬기조차 힘들게 무더웠던 독립기념일 주말이 지났다. 많은 사람들에게 독립기념일 주말은 장거리 여행을 떠날 수 있는 절호의 기회이다. 사랑하는 사람과 두고두고 되새기며 나눌 수 있는 추억을 만드는 여행을 떠나는 사람들이 있는가 하면, 침대에 누워서 악몽 같았던 과거를 향해 긴 여행을 떠나는 사람들이 있다.

독립기념일이라는 단어는 몇 가지를 상징한다

정신적 상징으로는 개인과 가족과 사회 공동체인 국가 존재의 보존, 즉 침입해 들어오는 외부 세력을 저지하고 경계를 지키는 정신, 자존감, 자긍감, 정체감의 보존, 분열되어 있는 작은 집단들이 모여

하나가 되는 정신, 불확실한 상황과 실패를 각오하는 모험 정신, 자유의 추구, 상황 통제력 등을 상징한다.

또 독립기념일은 부모라는 상징을 안고 있는 국가가 성립된 날이다. 따라서 부모의 안정된 울타리 속에서 삶을 즐기는 날이다. 독립기념일에는 가족과 친구들이 모여서 바비큐, 운동, 이런저런 삶의 이야기를 나누면서 즐기고 삶의 질을 높이는 날이다. 독립기념일의 상징을 한 단어로 표현한다면 '삶'이다.

그래서 그런지 많은 사람들, 자신의 삶 속에서 무엇인가가 잘못되어 있다고 느끼는 사람들은 주말을 앞두고 정서적으로 더 긴장하거나 우울 증세를 보이거나 지나치게 향락을 추구하는 경향이 있다.

특히 이번 독립기념일 주말을 맞이하면서 내담자들은 우울증이 심화되었다. 일반적으로 상실감, 무력감, 절망감을 호소하였고 내담하는 내용에는 9 · 11 테러에 대한 언급도 있었다.

9 · 11 테러일은 두 달이나 남았으나 내담자들의 무의식 속에는 독립기념일과 같이 연결되어 있는 것 같았다. 독립기념일이 상징하는 것들은 9 · 11 테러가 의미하는 것과는 정반대이다. 심리학적으로 극과 극은 무의식에서 통해 있다.

따라서 7월 4일을 전후로 많은 사람들, 특히 상실과 삶의 불안정성의 문제점을 가지고 있는 사람들에게는 안정된 환경을 주지 못했던 부모에 대한 기억과 고통스럽던 삶을 더욱 조명하는 날이 된다. 삶의 한 부분이 되어버린 불안은 앞으로 다가오는 불안과 상실을 상징하는 9 · 11 테러와 무의식에서 연결되어 더욱 우울하게 만든다.

독립기념일을 즈음해 우울한 사람들은 독립기념일이 자신에게 의미하는 것이 무엇인지 발견하고 대면해야 한다. 정말로 삶 속에서 불안한 요소가 있는지 아니면 어린 시절의 유령이 되살아나는 것인지 살펴보고, 불안이 상실과 연결되어 있다면 애도하기를 권한다. 그러면 다음해 독립기념일에는 가족이나 친구들과 삶을 즐길 수 있다.

삶을 직시하는 자세

좋건 나쁘건 기념일은 모든 사람들에게 스트레스를 주고, 특히 9 · 11 같은 부정적 기념일은 정서적으로 예민한 사람들에게 더 많은 부정적인 스트레스를 주게 되어 있다. 나아가 다른 상실과 겹쳐질 경우에는 우울증을 더욱 심하게 만들 경향이 높다.

여름은 생명이 춤추는 계절이다. 정열적으로 아름다운 여름, 혹자에게는 뜨겁기만 한 여름은 결실의 계절인 가을과 안식의 계절인 겨울을 준비하는 계절이기도 하다. 겨울의 감기를 예방하고 싶은 사람들은 지나치지 않을 만큼 여름 햇살에 노출될 필요가 있다. 여름 햇살의 뜨거움과 산발적인 차가운 소나기를 통해 과일은 영근다. 아무리 생명이 생동하는 여름 햇살이 찬란하다고 해도 집안에서 자라는 나무는 싱싱하고 먹기 좋은 과일을 맺기 힘들다.

생명이 자라는 계절, 화려한 계절인 여름, 7~8월에 정서적으로 민감한 사람들에게 9 · 11 테러 기념일을 일찍부터 준비하라고 권하고 싶다. 즉 모든 외부의 고통에서 차단된 자신의 심리적인 집에서 나와 삶을 직시하는 것이 필요하다.

생명과 성장 속에 숨겨져 있는 죽음의 그림자와 상실의 고통을 직시하는 시간을 짧게 그러나 정기적으로 갖고, 자신을 이해하고 아끼는 주위 사람들과 생각과 감정을 나누는 것이 바람직하다. 또 가능하면 집 밖에서 햇볕을 쬐는 시간, 즉 자연을 즐기는 시간을 갖고, 식물 가꾸기, 애완동물(좋아하면)과 보내기, 그 외 자신을 귀하게 느낄 수 있는 일이나 즐거운 일을 하기, 정기적인 운동, 주위 사람들과 즐겁고 의미있는 시간을 보내는 것이 필요하다. 또 어려운 시절을 극복한 자신의 생명을 축하하는 자신만의 의식을 정기적으로 갖는 것이 필요하다.

아버지날—자식을 사랑하는 아버지들에게

아버지날 - 자식을 사랑하는 아버지들에게

한국을 뜨겁게 만든 2002년 월드컵 열기는 여러 면에서 한국인에게 꼭 필요한 것이 아닐까 생각한다. 월드컵 개막 전 한국을 뒤흔들던 뉴스는 아무래도 현 대통령 아들들의 비리 사건이었다.

모든 매스미디어는 유학생 김홍걸 씨의 천문학적 축재와 침통해하는 대통령의 태도에 관심을 기울였다. 대통령은 불우했던 자식들의 어린 시절에 대한 미안함으로 결단을 내리는 과정에서 아파 하는 모습을 보였다. 고개 숙인 대통령은 아버지로서 모든 사람들이 즐기는 월드컵을 시청하면서도 이후에 닥칠 아들의 신상을 생각하며 마음 졸이지 않았을까 생각된다.

축구 열기는 많은 한인들의 축적된 분노를 건강하게 발산하도록 도와주었다. 지도자에게서 받은 배신감과 실망으로 상처받은 마음을 위로하는 한편 한민족 공동체라는 정체감과 자존심을 찾게 도와주었다.

부부 상담을 하면서 늘 느끼는 것은 어머니나 아버지나 자식에 대한 사랑은 거의 비슷하다는 것이다. 단지 어머니는 자식이 자라는 과정 중 더 많이 심리적, 신체적, 시간적 투자를 하기에 자식과의 심리적 연대감이 큰 반면, 아버지는 자식 사랑을 어떻게 표현해야 하는지 잘 모른다는 점이다. 많은 남자들이 자식들에게 사랑을 표현하지 못하는 것은 실제적으로 아버지를 통해 사랑받은 경험이 내재화되지 못했기 때문이다. 한 보고서에 의하면, 한국 아버지가 자식들과 보내는 시간은 하루 37초라고 한다.

소노라 스마트 도드는 어머니날 어머니의 사랑과 헌신에 대한 설교를 듣고 난 후 어머니같이 자신을 돌봐주던 아버지를 생각하며 1909년 아버지의 사랑을 기념하는 날을 제정하자고 한 것이 '아버지날'의 시작이었다. 그녀의 아버지 헨리 잭슨 스마트는 1898년 아내가 죽고 난 후 혼자서 5명의 아이들을 키웠다. 그때 당시 윌리엄이 혼자서 5명의 아이를 키우고 아이들 입에 음식이 떨어지지 않게 하는 것만 해도 쉬운 일은 아니었다.

20년 전만 해도 아버지는 물질적인 안정을 제공하기만 하면 식구들의 존경을 받았고 권위가 있었다. 그러나 요즈음 세대의 아버지가 단순히 돈만 벌어다 주는 것만 제공해서는 아버지날에 선물은 고사하고 감사하다는 말도 듣기 힘들다.

자아 심리치료학자인 코헛(Heinz Kohut)은 아이들의 성장에서 아버지 역할의 중요성을 강조했다. 심리적 또는 육체적 아버지의 부재는 아이들이 자라서 삶의 목표를 찾고 달성하며 남성으로서의 성 정체감과 역할을 수행하는 데, 나아가 자신 있는 삶을 살게 하는 데 심각한 부정적 영향을 끼친다고 했다.

자식을 사랑하고 또 평생을 뼈를 깎듯이 가족을 위하면서도 건강하게 사랑을 표현하지 못하는 아버지들을 볼 때, 지금이라도 본인과 자식의 장래를 생각해서 사랑을 표현하는 것을 배우고 실천하라고 말하고 싶다.

얼마 전 현시대에 맞는, 자식들의 진실한 사랑과 존경을 받는 아버지 이야기를 들었다. 50세가 되는 아버지에게 더 나은 직장 제의가 들어왔다. 그 일은 그가 늘 하고 싶어했던 일이었다. 자기 나이를 고려하면 하나님이 주신 복이라고 믿었다.

하지만 고등학생인 아들이 친구들과 떨어져야 하고 교육이라든가 20년 동안 살면서 정이 든 동네를 떠나기 싫어하는 아내를 생각해서, 힘들더라도 남편 혼자 플로리다로 전근하기로 결정하고 자식들에게 이야기했다.

아들은 선선히 허락했는데 예상하지 않았던 대학생 딸이 반대했다. 아버지가 전근 가면 자신이 받았던 사랑, 자라는 동안 늘 지켜 주고 놀아 주었던 아버지의 사랑을 동생이 받을 수 없다는 것이 이유였다. 그는 딸의 허락을 받기 전에는 이직할 수 없다고 회사에 전했고 적지 않은 시간을 들여 딸을 설득했다.

지금 그는 플로리다에서 매일 아들에게 이메일을 보내며 시간이 날 때마다 집에 와서 아들과 시간을 보낸다. 그는 부자도 아니고 권력도 없지만 자식들의 의견을 존중하고 사랑을 실행하고자 노력하기에 그 아들은 잘 자랄 것이다. 남의 돈을 공짜로 쓰려고도 하지 않을 것이고, 아버지를 실망시키는 일도, 기만하는 일도 하지 않을 것이다. 나이가 들면서 자신의 아버지를 더욱 존경하고 아버지를 닮으려고 노력할 것이다.

스트레스 다루기와 행복해지기

스트레스 다루기와 행복해지기

요즈음 세미나에서 가장 인기 있는 주제 중 하나는 만병의 근원인 스트레스이다. 사람이 살면서 스트레스가 없을 수 없기에 스트레스라는 주제는 모든 사람들의 관심사일 수밖에 없다.

스트레스에는 두 종류가 있는데 부정적 스트레스와 긍정적 스트레스이다. 그중에서도 심신에 부정적 영향을 주는 부정적 스트레스는 본인이 의식적으로 느끼건 못 느끼건 간에 기쁨과 평화가 소실된다. 심하면 여러 증상, 곧 심리적, 육체적, 정신적 고통과 더불어 주위 사람과의 관계가 망가진다. 심한 스트레스는 심인성 병을 유발한다. 심각한 스트레스를 받고 난 후 암에 걸려 몇 달을 못 넘기고 세상을 떠나는 사람을 많이 볼 수 있다.

스트레스 중에서 가장 부정적인 영향을 주는 스트레스는 자신의 믿음이나 신념과 관련된 스트레스이다. 예를 들면 돈이 중요한 사람들은 경제적 궁지에 몰리게 되는 것이 가장 힘들다. 목회자의 경우는 목회하면서 자신의 정체성이 흔들릴 때나 목회가 심한 궁지에 빠졌을 때이다.

스트레스를 대처하는 방법 중 하나는 스트레스를 유발시키는 잘못된 인식을 바꾸고 스트레스를 주는 원인을 다루면서 자신의 통제능력을 다시 찾는 것이다. 스트레스를 받는 데는 여러 원인이 있을 수 있지만 스트레스를 줄이고 행복 지수를 높이기 위해서는 물질 지향적 가치 체계와 현재까지 믿고 있던 신념 체계를 현실적인 것으로 대치하는 것과 조급한 태도를 바꾸는 것이 필요하다.

미시건 대학교 스테파니 브라운 박사는 봉사를 모르고 사는 사람들(자신만 생각하는 사람들)이 봉사하는 사람들보다 두 배나 더 일찍 죽을 가능성이 높다고 하였다. 건강하고 행복하게 살고 싶어하는 사람들이 위기에 처했을 때는 위기를 극복하는 데 힘을 쏟고, 평상시에는 자신이 할 수 있는 일 즉 인간관계를 넓히고 삶을 단순화하며 봉사하는 삶을 찾아 실천하라고 권하고 싶다.

달라져야 하는 21세기의 효도

달라져야 하는 21세기의 효도

20년 전만 해도 미국 사람들에게 한국을 자랑할 수 있었던 것은 삼성도 대우도 아닌 5천 년의 역사와 효도 문화였다. 아직도 이 부분은 사실이라고 본다. 한인들의 부모에 대한 공경은 불티나게 팔리는 온열 치료기를 비롯한 여러 종류의 값비싼 건강 보조기와 효도 관광에서도 알 수 있다.

20세기 이후 과학이 발달하면서 사람들의 건강이 좋아지고 생명이 연장되어서 요즘엔 환갑을 중시 여기는 사람들이 점점 줄어가고 있다. 이제는 발달심리적 측면에서 40세부터 늦게는 65세까지 중년으로 보기에 환갑을 지키는 것이 장수를 기념하는 의미가 아니라 중년을 잘 넘겼다는 식이 되는 것 같다. 또 잘만 몸 관리하면 85세까지는 건강하게 사는 것이 보통이다.

"화려한 시절"이라는 드라마에서 문제아로 나오는 둘째 아들 철진이는 할머니와 어머니에게서 매일 매를 맞고 형이랑 비교되고 평가 절하된다. 그러면서도 자라서 돈을 벌고 성공하면 엄마와 할머니를 모실 생각을 한다. 그런 철진이는 어머니의 재혼 문제로 배반감을 느끼면서 정신없이 고민한다. "엄마는 나와 형을 빼놓고는 남자가 필요없어"라고 하면서 말이다.

얼마 전 70대 노인들의 성생활을 담은 "죽어도 좋아"라는 영화가 칸느 영화제 비평가 주간에 초청되었다는 기사를 읽었다. 혹자는 성문화가 노인들에게까지 침투되었다고 한탄하는 것 같다. 그러나 단지 우리가 인정하고 싶지 않을 뿐, 노인들이라고 성적인 면이 없거나 성생활을 즐기지 않는 것은 아니다.

특히 수명이 연장되면서 노인들의 삶의 질을 높이는 것이 중요해졌다. 노년에는 살아온 삶을 반추하고 마지막 긍정적인 평가를 하기 위해 살면서 부족했던 부분들을 재정리하는 것과 자신의 남은 생명을 건강하게 즐기는 것이 필요하다.

전쟁과 빈곤으로 힘들고 모질게 살아온 역사 탓에 한국인은 효도를 집안의 체면과 신체적, 물질적인 데 바탕을 두고 있는 경우가 적지 않다. 또 할머니, 할아버지들 역시도 자식 자랑할 때는 자식이 얼마나 물질적으로 잘해 주는지, 또 세상적으로 성공했는지에 초점이 맞추어져 있다.

효도하고 싶다면 체면 문화에 젖어 자신의 감정을 희생하고 살아온 많은 노인들, 특히 홀로 외롭게 된 부모들을 단지 부모로만 보는 것이 아니라 인간으로 보고, 그들의 욕구와 감정을 인정하고 남은 생명을 아름답게 살 수 있게 기회를 제공하는 것이 더욱 값진 효도가 될 것이다.

지난 어버이날에 자식들의 성화와 후원으로 효도 미팅에서 만나 결혼에까지 이른 염찬호(70세), 최예순(66세) 부부의 "황혼이 즐거워"라는 글을 읽었다. 한국에서 생긴 일이지만 이런 일들이 미국에서도 생겼으면 하는 바람이다.

노인의 웰빙

노인의 웰빙

며칠 전 나이 드신 분들(70세 이상)에게도 연애 감정이 있는지 물어본 사람이 있었는데, 그 자리에 함께하셨던 가족 심리치료사가 들려준 이야기이다.

양로원에서 치매 걸린 노인들도 자기 마음에 드는 할머니나 할아버지와 함께 시간을 보내면 확실하게 두 가지가 달라진다고 한다. 하나는 자신의 외모를 단정히 꾸미는 것과 다른 하나는 치매의 진행 속도가 늦추어진다는 것이다. 즉 사람이 건강하게 자신을 돌보고 좀더 질적인 삶을 사는 것, 웰빙을 위해서는 다른 사람을 좋아하는 감정이 굉장히 중요하게 나타난다는 것이다.

나이가 들면서 웰빙을 추구하는 것이 여러 측면에서 쉽지 않다.

특히 오랜 지병이 있거나, 경제적으로 어렵거나, 사랑하는 사람들이 주위에서 하나씩 사라져 갈 때, 웰빙이라는 단어는 소원하게 들릴 수 있다. 또 외로운 밤에 잠은 안 오고 온몸이 쑤시거나, 계단을 오르기가 힘들 때, 다른 사람들의 도움이 없으면 정말 집 밖으로 한 발자국도 옮기기가 힘들 때 더욱 그렇다.

전통적으로 한국식의 복 많은 노인은 건강하고, 치아가 튼튼하며, 자식들이 잘돼 부모를 공경 봉양하고, 경제적으로 안락하여 떵떵거리며 사는 것이다. 하지만 현대적 노년의 웰빙은 그 이상이다.

노년의 웰빙과 관계된 흥미로운 발표가 있었다. 2002년 브랜다이스대학연구소의 연구 발표에 의하면, 50세 이상 일하는 여성들이 집안일만 하는 여성들에 비해 나이가 들어간다는 것에 대해 더 수용적이고 긍정적임을 발견했다. 또 직업은 신체에 너무 무리가 가는 것이 아니며, 본인이 즐기고 보람이 있고, 자기 일의 중요 의사를 결정할 수 있을 때 가장 긍정적이었다. 이는 중년 이후에도 보람을 느끼는 일을 하는 것이 노년의 웰빙에 있어서 매우 중요하다는 것을 시사한다.

일을 한다는 것은 돈을 번다는 것만이 아니다. 일 속에서 자신의 보람과 가치를 느끼는 것이 중요하다. 그런 측면에서 본다면 도서관에서 또래와 이야기도 하고 웃기도 하면서 자원 봉사하는 80~90세 할머니들이 진짜 웰빙을 즐기고 있는 것 같다.

즉 물질적이고 가식적인 복도 중요하지만 더 중요한 것은 늙었어도 사랑하는 사람이 있는가, 더 적극적으로 사랑의 대상을 확대할 수 있는가, 보람을 느낄 수 있는 일이 있는가가 중요하다. 또 스스로 평가하여 자기가 살아온 삶이 보람과 가치가 있다고 느끼는 것이다.

복된 노년을 준비하자

나이가 들어가면서 나이 드는 것을 두려워하는 사람들이 많다. 생산성으로 가치를 따지는 사회 분위기 때문에 존재 가치가 떨어지는 노인이 된다는 것은 많은 사람들에게 두려운 일이다.

현재는 과거의 유산이며, 미래의 과거라는 말이 있다. 분석가들의 모임에서 사람들이 죽음을 두려워하는 것은 한번도(?) 살지 않았기 때문이라는 말을 들은 적이 있다. 그런 측면에서 보면 현재 사람들이 어떻게 사는가가 노년의 삶의 질을 만든다고 보아도 된다.

즉 노년의 웰빙은 조금이라도 젊어서 자신의 몸을 건강하게 관리하고, 마음과 정신을 성숙시키며, 친밀한 관계의 형성, 의미있는 직업이나 일과 긴밀하게 연관된다. 혹 젊어서 이런 것들을 못해 안타까워하는 분들이 있는데 아직도 늦지 않았다는 것을 알아야 된다.

노년의 웰빙은 어느 인간의 발달 시기보다도 의미와 가치, 삶의 참다운 깊이와 연결되어 있기 때문이다. 그래서 융은 인생 후반기에 자신의 영적인 면을 통합해야 한다고 했다. 나이 들면서 늘어가는 주름, 쑤신 몸, 아픈 가슴을 품에 안고서도 삶의 의미를 주는 일을 하는 것은 복된 노년의 참다운 의미가 될 수 있다. 고통과 외로움 속에서 추구하는 삶의 질은 값으로 따질 수 없기 때문이다.

베어마운틴의 세븐레이크 주변의 단풍이 참으로 아름답다. 얼마 전 전해 들은 도종환 시인의 "단풍드는 날"이라는 시 구절구절이 흐드러진 단풍 속에서 어우러진다.

버려야 할 것이
무엇인지를 아는 순간부터

나무는 가장 아름답게 불탄다

제 삶의 이유였던 것
제 몸의 전부였던 것
아낌없이 버리기로 결심하면서
나무는 생의 절정에 선다

방하착(放下着)
제가 키워온
그러나 이제는 무거워진
제 몸 하나씩 내려놓으면서
가장 황홀한 빛깔로
우리도 물이 드는 날.

결혼을 지속시킬 수 있는 요인들

결혼을 지속시킬 수 있는 요인들

결혼은 인생에서 가장 큰 대사이기 때문에 결혼 생활이 잘못될 때 다른 모든 일이 잘되어도 마음(삶) 가운데 메울 수 없는 큰 구멍이 생기게 마련이다. 또 그 구멍을 잘못 메우려다 보면 관계나 자녀, 직업, 신앙생활에 바람직하지 못한 영향을 주게 된다.

모두가 결혼의 웰빙을 원하나 행복하지 않다고 느끼는 기간이 길어지면서 혹자는 행복의 파랑새를 잡으려고 불륜에 빠지기도 한다.

K는 결혼 생활에 만족하지 않아 상담하게 되었다. 그녀의 남편은 어른 ADHD(주의력 결핍 및 과잉 행동 장애)의 증세와 더불어 조울증이 있어서 남편에게 정서적 친밀감과 안정감을 느낄 수 없었다. 또 남편의 상태가 나아지지 않는다면 결혼 생활이 불가능하다고 생각하고

있었으나 혼자 산다는 것도 자신이 없었기에 상담을 시작하였다.

상담하면서 그녀는 자신도 모르게 친밀함에 대한 두려움 때문에 남편과의 관계를 증진시킬 수 있는 많은 가능성을 닫아 놓았다는 것을 발견하게 되었다. 조금씩 두려움에 기인한 관계와 행동의 패턴을 살피면서 남편의 긍정적인 면을 발견하였다. 동시에 자신의 두려움과 의심을 조금씩 도전하면서 남편과 함께하며 대화하는 것이 편해지게 되었다.

결혼의 웰빙은 경제적, 신체적, 심리적 갈등이 없는 상태를 의미하는 것이 아니다. 문제가 있어도 자기 삶에 만족하고 행복하다고 느낄 때 웰빙의 상태에 있다고 할 수 있다.

여러 학자들이 행복한 결혼을 위한 조건에 대해 이야기했다. 학자들이 주장하는 내용을 그동안의 상담 경험에 비춰 간단하게 줄이면 세 가지로 볼 수 있다. 두 사람이 어느 정도는 결혼에 대한 헌신이 있어야 하고, 서로를 믿고, 상대에 대해 감정적 또는 성적으로 관심이 있어야 한다.

결혼 생활을 잘 유지하기 위해서는 어떤 형태로든 결혼 생활을 지속하겠다는 헌신이 있어야 한다. 자신의 신앙, 부모나 자식들 때문이라는 것도 한 요소가 될 수 있다. 더 바람직한 것은 스스로 원하여 결혼 생활을 유지하고자 하는 헌신이다. K의 경우는 헌신이 되었기에 방법을 모색하다 상담까지 하게 된 경우이다. 또 그녀는 결혼 생활의 문제점을 자신 속에서 찾았다.

결혼의 웰빙은 신뢰와 믿음에서 생긴다. 갈등이 있을 때 상대방에게 비난받고 거절되는 두려움을 넘어 자신의 욕구를 표현하며 대화하는 것이 중요하다. 믿음은 서로가 노력하면서 계속적으로 쌓아 나가야 되는 것이다. 또 성적, 감정적 관심은 관계에 활기를 불어넣는다. 많은 사람들이 이혼할 때 성격 차이라고 이야기하는데 사실은 성의 만족도의 차이라고 한다. 상대방에게 성적으로 끌림은 시간이 지나면서 둔화된다. 성적으로 활기찬 관계를 지속시키기 위해서는 양념이 필요하다.

"비욘드 보더"에서 볼 수 있는 남녀 관계 촉진제

스스로 로미오와 줄리엣으로 착각하는 많은 남녀가 만나 결혼 승낙을 받고 동화 속의 공주와 왕자같이 영원히 행복하게 살 것을 믿으면서 결혼하는 것이 보통이다. 문제는 너무나 확신하여 결혼한 부부 가운데 두 쌍 중 한 쌍이 이혼하는 것이 현실이라는 것이다. 또 확신이 크면 클수록 이혼하게 될 때 아픔은 더 크다는 것이다.

이혼을 피하고 싶은 사람들에게 영화 "비욘드 보더"를 보라고 권하고 싶다. 안젤리나 졸리 주연의 이 영화는 생명의 고귀함을 지키는데 자신의 전 삶을 거는 영국 의사를 보고 사랑할 수밖에 없었던 여인의 이야기이다. 그녀는 그를 살리기 위해 삶의 궤도를 수정했고 또 그를 위해 자신의 삶을 희생한다. 이 영화는 두 사람의 관계를 통해 사랑, 결혼, 불륜, 산다는 것이 무엇인지, 관계는 어떠해야 하는지의 의미를 관객들에게 묻는다.

이 영화를 보면서 생겼던 의문점은 그들이 절대적 생존을 위협받는 아프리카나 캄보디아가 아닌 데서 만나 보통 사람들처럼 결혼해서 살았다면 서로 생명을 버릴 수 있을 정도로 사랑할 수 있었을까 하는 것이다.

인류학자인 헬렌 피셔는 두 사람의 관계를 통해 나타나는 새롭고 다양한 자극이 있을 때 상대에게 끌린다고 했다. 거기에는 유머, 섹스, 떨어져 있는 거리, 삶의 의미 발견(안젤리나 졸리의 경우) 등이 관계를 이끌어 가는 중요한 요소가 된다. 부부 상호간에도 기호가 다르지만 상대방을 적극적으로 수용하려는 자세가 관계를 지속시키는 긍정적인 자극이 된다.

칼릴 지브란의 글이 새롭다.

지성적인 이들에게
가장 확고한 결혼의 기반은 우정입니다
진정한 관심사를 나누어 가지는 것
서로 다른 생각에 대해서는
논쟁하면서도
서로의 사상과 이상을
이해해 줄 수 있는
힘
그것입니다.

확실한 것은 안젤리나 졸리와 영국 의사는 진정한 관심사를 나누어 가지는 삶의 동반자였다는 것이다.

간통법과 이혼

간통법과 이혼

그리스 신화에서 여성 바람둥이는 역시 육체적인 사랑을 대표하는 미의 여신 아프로디테이다. 올림포스 남신들 중 가장 못생긴 신인 헤파이스토스와 결혼하게 된 아름다운 여신은 결혼 후 일에 빠져 자기를 본 체 만 체하는 남편을 기다리다 지쳐서 자신에게 계속 추파를 던지는 전쟁의 신 아레스와 간통하였다. 그녀의 간통 사실은 벌건 대낮에 태양신 아폴론을 통해 만천하에 알려졌다. 아프로디테가 한국 여자였다면, 같이 간통한 아레스의 아내나 그 가족들, 또는 남편 가족들에게 몰매 맞았을 것이고 이혼과 더불어 적어도 2년 이하의 징역을 살았을 것이다.

다행히 그녀는 그리스 신이어서 몰매 맞는 일도, 징역을 사는 일도 없었다. 포세이돈은 중재를 자청하여 헤파이스토스에게 아레스의 사과와 보상을 받아 주었다. 덕분에 그녀는 수치의 그물에서 벗어나 처녀의 샘이 있는 키프로스 섬으로 갔다고 하니 그녀의 행지 자체가 시사하는 것이 적지 않다.

변화되고 있는 시대

며칠 전 신문에서 '간통죄 폐지'를 둘러싼 본국의 여러 단체들이 제기하는 뜨거운 논쟁을 관심 있게 읽었다. 간통이라는 것과 맞물려 텔레비전에서 인기를 얻고 있는 "위기의 남자", "고백", "나쁜 여자들" 등 남녀의 외도를 다루는 드라마에서 나타나고 있는 것은 시대가 변하고 있고, 사람들의 가치관이 변한다는 점이다.

특히 "위기의 남자"에서 공개적으로 바람피우는 남편과 달리 최선을 다해 가정과 아이들을 지키려고 노력하던 황신혜는 회사 사장과 눈이 맞는다. 대부분의 사람들이 결과를 추측할 수 있는 대로 남자 가족들에 의해 길거리에서 폭행당하면서 "왜 남자가 바람을 피우면 아무 일이 없는 데 자신은 죄인이 되어야 하는가"라며 절규한다. 이 드라마 작가는 은연중에 결혼이라는 울타리를 지킬 수 있는 힘이 있는 사람은 남자이며 여자와 아이들은 피해자라고 말하고 싶었는지 모른다.

간통이라는 문제를 다루는 데 고려해야 하는 점은 간통죄의 유무를 가리는 과정과 결과에 따라 아이들이 받는 심리적 상처이다. 간통제 폐지 불가론의 주장 가운데 흥미로운 부분은 성도덕을 지키고, 일부일처 혼인 제도 유지와 가족 생활의 보장, 이혼의 사전 예방을 강조한 점이다.

도덕적 단계에서 한국인의 수준은 어느 정도?

콜버그는 사람들이 가진 도덕성의 단계를 체계화하였다. 그의 이론에 비추어 보면 간통법을 지켜야 한다고 주장하는 사람들이 본 한국인들은 발달 단계에서 가장 낮은 단계로 외부의 처벌이 무서워 외도나 간통을 피할 것이라고 본다.

폐지 불가론자는 많은 한국 사람들의 도덕성이 성숙하지 못하였다는 것을 전제로 주장한다. 그러나 월드컵 응원 시 전 국민이 보여주었던 질서 정연한 모습은 누가 시킨 것인지 아니면 각 개인 스스로 선택한 행동인지 궁금하다. 군중이 모이게 되면 질서를 지킨다는 것은 거의 불가능한데 나는 그들의 모습 속에 잠재된 도덕성의 수준, 선택에 의해 행동하는 개인들의 선택을 보았다.

혼외 정사는 결혼 생활의 빨간 신호

이른바 혼외 정사라고 고상하게 불리기도 하는 간통은 불륜(adultery)일 수도 부정(infidelity)일 수도 있다. 정신적 관계가 있으면 부정 아니면 불륜이다. 간통 때문에 가정이 파괴되고 아이들이 상처를 받는다고 믿는 사람들은 간통이 생기는 심리적 배경을 알아야 한다. 간통은 배우자의 성격상 중독 성향이 있거나, 이미 심리적으로 부부간에 골이 있는 경우에 생길 수 있다.

따라서 혼외 정사가 생기는 많은 경우 부부 관계(단순히 성적인 면만을 의미하는 것이 아님)에 문제가 있기에 관심을 기울여 달라는 위기 신호일 때가 많다. 또 불륜을 저지른 사람이 수치감과 죄책감을 보이지 않고 가족과 아이들과 배우자의 고통에 관심이 없다면 이미 마음도 몸도 떠난 것이라고 보면 거의 틀림없다.

또 남편이나 아내를 사랑하면서도 바람피울 때가 있다. 즉 스트레스가 심한데 배우자한테 자신의 어려움을 털어놓지 못할 때, 삶 속에서 무력감을 느낄 때, 또 나이가 들어가는 것에 대한 서글픔이 있을 때 바람을 피운다.

따라서 부부 갈등이 생겼을 때, 특히 배우자 간통이라는 문제에 접했을 때 가정과 부부 관계의 회복은 서로가 얼마나 정직하게 문제를 직시하고 처리하는가에 달려 있다. 법으로 여성을 보호하겠다고 하다가 힘이 약한 여성과 아이들만 피해를 입는 경우가 많다. 부부 갈등을 법으로 해결하려 할 때 대부분의 결혼 관계는 결국 깨지기 마련이다.

이혼 인증제

이혼 인증제

한국에서 사회, 경제, 정치의 다양한 부분에서 여성들의 위치가 상승하고 있다. 예로 두 대표 정당에서 강한 영향력을 행사하는 두 여성 정치인이 있고 미모, 지성, 거기다 리더십을 소유한 법무장관 등 많은 여성들 덕분에 '비너스 정치'라는 유행어까지 나왔다.

비너스 정치와 용천 폭발 사고 말고도 사람들의 이야기 소재에 자주 오르는 단어는 결혼, 이혼 인증제이다. 한국인들에게는 생소한 단어인데 결혼하기 전 교육과 이혼하기 전 상담을 받아야 법적인 것을 인정한다는 것이다.

실제로 법제화하는 데는 시간이 많이 걸릴 것으로 보이지만 이런 이야기가 나온다는 것만 봐도 예전의 한국이 아닌 것은 분명하다. 또 긍정적인 측면에서 변하는 사회에 대한 한국인의 진보성과 적응력에 탄성이 절로 난다.

결혼 인증제나 이혼 인증제가 제기되는 것은 증가하는 이혼율과 그에 수반된 사회적 문제에 기인한 것 같다. 동방예의지국, 가정을 중시 여기는 나라에서 매년 이혼율이 증가하고 있으니 걱정이 안 된다면 그것도 이상한 일이다.

사실 자동차 면허를 발급받기 위해서도 운전 학원에서 돈 내고 연습하고 필기, 실기 시험을 거쳐야 하는데, 자신의 인생뿐 아니라 2대, 3대 가문의 영광을 물려 주어야 할 결혼에 교육이 없다면 문제이다.

또 까만 머리가 파뿌리가 되도록 살자고 서약한 관계가 원수로 끝나는 이혼은 부부뿐 아니라 아이들에게 심리적으로 끼치는 영향이 지대하다. 또 합의만 한다면 너무나 쉽게 이혼이 가능한 현행법도 문제가 있다.

어쨌든 결혼과 이혼 인증제라는 기발한 생각은 사회적, 법적 차원에서 가정과 결혼의 소중함에 대한 인식이 바뀌었다는 것을 말해 준다. 결혼과 이혼 인증제는 교육적이고 상담적인 성격이 강하다.

이혼 인증제는 상담을 통해 이혼하려는 부부에게 이혼 후에 닥칠 문제점들을 살피게 한다. 감정적인 상태에서 이혼하는 부부들은 헤어지는 것에 급급해 앞으로 어떤 일이 닥칠지 모를 때가 많다. 때문에 자녀, 경제, 관계, 건강 등 생길 수 있는 모든 문제점들을 살피고 준비시키는 것은 개인적, 사회적 차원에서 중요하다. 또 상담 시 부부 관계가 정말로 돌이킬 수 없이 파산된 타이타닉 호인지 살피는 객관적인 검증 시간과 수선이 가능하다면 어떻게 해야 하는지, 제도적인 기회를 마련해 준다.

그러나 모든 사람들이 이 제도에 찬성하는 것은 아니다. 이혼 인증제에 반대하는 사람들은 학대로 이혼이 불가피한 경우 피해자의 고통을 연장시키기 때문이라고 한다. 어쨌든 이혼, 그리고 상담을 터부시하는 한국 문화에서 이런 제도가 거론된다는 것은 얼마나 이혼이 심각한 사회문제인가를 나타낸다.

미국에서는 이미 많은 부부들이 이혼하기 전에 결혼 및 가족상담가를 찾아가 먼저 결혼을 지속할 수 있는 심리적 자원이 있는지 살핀다. 둘이서 이혼을 합의하는 경우, 적당한 이혼 절차와 생길 문제들, 특히 자식에 대한 모든 것들을 상의한다. 이혼하기 위해 법적 소송에 걸리는 심리적 고통과 경제적인 비용을 절감하며 아이들에게 주는 심리적인 고통을 최소화하기 때문에 많은 부부들이 이혼하기 전에 이혼 상담을 한다.

미국 사람들이 상담에 심리적, 경제적 투자를 하는 데에는 실용주의적 사고와 개인의 인권 존중, 행복에 대한 추구, 현실감을 중시하기 때문이다. 포스트모더니즘 사회에서 중요한 것은 개인주의, 상대주의, 자유와 행복의 추구이기 때문이다. 이런 측면에서 보면 한국도 예외는 아니라고 본다. 포스트모던 사회인 한국에서 부부가 헤어지는 것을 결정할 때 많은 경우 부부 관계 속에서 인간의 존엄성과 존재 상실이라는 문제가 있다.

이혼 인증제나 상담을 통해 부부간에 대화 기술의 부족, 상대에 대한 이해의 부족, 갈등 조절 능력의 부족은 배울 수 있으나 배우자를 우주보다 더 귀한 존재로 대우하는 것은 몇 번의 상담으로는 되지 않는다. 이는 인격 속에서 나오는 것이다.

또 남을 존중하는 인격은 사랑하고 관계할 수 있는 능력을 요구하는데 이는 자라면서 부모, 가정, 학교, 사회에서 키워야 한다. 눈에 보이는 것이 아닌 존재를 사랑하는 능력은 성취를 목적으로 하는 삶이 아닌 관계 추구의 환경에서 자랄 때만 가능하다. 또 결혼을 결정할 때 감정적 사랑에 근거를 두면 이혼은 언젠가 닥칠 운명이다. 감정은 변하기 때문이다.

삼인성호(三人成虎)

삼인성호(三人成虎)

전국시대에 위나라 혜왕의 총애를 받았던 방총이라는 사람이 있었다. 그가 조나라 한단에 볼모로 잡혀가기 직전 혜왕에게 물었다.

"어떤 사람이 시장에 호랑이가 나타났다고 한다면 왕께서는 믿으시겠습니까?"

"그 말을 어떻게 믿겠나?" 하고 왕은 답했다.

"그럼 두 사람이 와서 호랑이가 나타났다고 말한다면 믿으시겠습니까?"

"반신반의하겠지."

"그럼 세 사람이 와서 그렇게 말한다면 어떻게 하시겠습니까?"

"그때는 믿게 되겠지."

"시장에는 명백히 호랑이가 없었습니다. 그러나 만일 세 사람이 같은 말을 하게 되면 호랑이가 나타난 것이 됩니다"라고 방총은 말했다. 근거 없는 말도 여럿이 하면 곧이 듣게 된다는 삼인성호(三人成虎)의 고사다.

「전국책」 "위편"에 있는 이 이야기에서 방총은 자신이 없는 동안에 자신과 왕을 이간질시킬 사태를 대비해서 왕께 경계를 고했다. 그러나 후에 볼모 신세에서 풀려나 돌아왔을 때 그의 예측대로 이간질하는 사람들의 말을 믿게 된 왕으로부터 그는 버림을 받았다.

중복된 말이 개인의 태도에 미치는 영향력을 나타내는 것이나 이러한 영향은 개인에게만 국한되지 않는다. 매스미디어나 교육을 이용할 경우 대중의 생각과 태도에도 심각한 영향을 미칠 수 있다. 더더욱 어린이들에게 미치는 영향은 삶의 질을 바꿀 정도로 지대하다.

얼마 전 이혼 소송에서 남편에게 아이 양육권을 얻기 위해 남편을 성추행범으로 몰아붙인 사건이 있었다는 소식을 들었다. 상담을 하다 보면 어릴 적 성추행당한 사실로 평생 고통받는 경우를 적지 않게 보게 된다.

심리 치료사로서 성추행당한 사람들의 고통에 가끔 전율하는 경우가 있다. 어릴 적 겪은 심리적 고통은 많은 경우 무의식 속에 남아 계속적으로 개인의 삶에 투영되어 고통과 해결을 호소하기 때문이다. 성추행은 단순히 등이나 배에서 시작해서 엉덩이나 성기를 만지는 등 다양하다. 성추행은 인간 존재가 필요로 하는 개인의 경계를 침범하는 것이기 때문에 기본적인 심리적 구조에 미치는 영향이 크다. 피해자는 후에 여러 심리적 피해, 우울증, 불안증 등을 겪게 된다. 또 자신과 타인의 경계를 구별할 수 있는 능력을 상실할 수도 있다. 그런 사람들은 자라서 타인과 부적절한 관계를 맺게 된다. 따라서 세상에서 가장 악한 일 중의 하나는 어린이들의 믿음의 대상인 어른들, 특히 부모가 자신의 야욕을 위해 아이들을 희생시키는 것이다.

실제적으로 성추행이나 폭행이 생겼을 경우는 말할 것도 없이 심각하지만 부모 중의 한 명이 자신의 망상이나 이혼 소송에 이기기 위해 아이들에게 이런 생각을 심어 주는 경우, 피해자인 아이는 평생을 고통 속에서 살아야 한다.

인지심리학자인 피아제의 이론에 의하면, '전 조작기'의 어린이들(아이들에 따라 다르지만 보통 6~7세 전)은 자신과 남을 구별하는 능력이 부족하고 또 꿈과 실제를 구별하지 못한다. 즉 환상과 실제를 구별하지 못하는 것이다. 따라서 성추행이나 폭행을 당한 것 같은 이야기를 반복해서 듣거나 보는 경우, 아이는 실제로 자신이 성추행이나 폭행을 당한 것으로 인지하게 된다. 이는 생존이 어른들의 손에 달린 어린아이일수록 더욱 심하다.

리언 페스틴저(Leon Festinger)는 "두 가지 상반되는 생각이나 믿음이 생길 때 사람들은 심리적 부조화를 겪게 된다"고 한다. 심리적 부조화로 인한 강한 심리적 긴장 상태를 겪고 사실을 직시하고 진실을 밝히기보다는, 즉각적이고 쉽게 또 자신에게 유리한 쪽으로 생각을 바꿈으로써 긴장을 줄이고자 하는 경향이 있다고 한다.

어린아이들의 경우는 더욱 심하다. 두 가지 상반된 생각이 들 경우 자신의 심리적 부조화를 적게 하기 위해 한쪽으로, 특히 자신이 의지해야 하는 사람의 생각이나 믿음을 수용하는 쪽으로 더욱 굳힌다. 모든 교육을 받고 지혜로 나라를 다스리고자 하는 한 나라의 왕도 참언을 여러 번 듣게 되면 판단이 흐려지는데, 하물며 어린아이들이랴!

한 아빠의 선택

한 아빠의 선택

2004년 1월 12일자 <중앙일보>에서 나의 시선을 끈 기사가 있었다. 한 평범한 아버지가 1998년 회사가 부도나면서 실직하게 됐다. 위기 상황에 빠져서 이 아빠는 좀 특이한 선택을 했다. 부정적인 것에 에너지를 쓰지 않기로 결정했다. 즉 삶의 엉뚱한 장난에 자존심이 상해 분노나 화를 폭발하고 아이들에게 소리 지르거나(심하면 때리기도 하고) 술 마시며 신세 한탄을 하지 않기로 했다. 또 애꿎은 아내나 사회를 원망하며 욕하지 않았고, 돈이 있었다면 이민 가서 새로운 삶을 개척할 수도 있었지만 그러지 않았다.

직장 다니는 동안 못했던 일을 하기로 작정했다. 즉 하숙생이 아닌 남편과 아빠가 되기로 한 것이다. 그는 아이들과 여가 시간을 효과적으로 보내기 위해 100가지가 넘는 놀이를 개발하고 나아가 이웃 아이들을 위해 '아빠와 추억 만들기' 등의 프로그램을 진행하고 있다.

그는 직장을 잃었으나 가정을 찾았다. 장년으로 산업사회의 일꾼으로서의 위치는 잃어버렸으나 미래 한국 사회와 가정을 위한 개발 일꾼이 되었다. 경제적인 문제로 이혼당한 것이 아니라 부부 사이는 더욱 좋아졌고 자식들도 아빠를 사랑하며 자랑스러워했다. 또 사회의 빛이 되었으니 삶의 위기가 전화위복이 되었다.

위기는 삶이 주는 기회이다. 위기를 통해 삶의 방향을 새롭게 잡아보자. 위기 상황은 선택의 여지 없이 찾아오지만 위기 대처와 결단과 선택은 각자의 몫이다. 대처할 때 고려해야 하는 것은 자신이 그동안 관심을 두지 못했던 부분이 있는가를 발견하고 관계와 의미 개발, 선택의 장기적인 영향을 고려해야 한다. 또 자식은 신이 주신 기업이고 삶의 확실한 투자라는 것을 기억하길 권한다.

포스트모던 시대의 바람직한 아버지상

새해 초부터 여기저기서 들리는 걱정스러운 소식들이 많다. 그중에서 이민 사회에 이혼이 늘고 있다는 기사를 읽었다. 한국에서의 이혼율은 47.4%라고 한다. 많은 사람들이 이혼율 증가 원인을 경제적인 어려움에 기인한 부부 싸움과 가정보다는 개인을 중시 여기는 사회 풍조라고 보는데, 심리적 측면에서 볼 때 부분적으로 사실이다.

이혼은 개인과 가정과 사회의 위기이나, 위기를 어떻게 보고 대처하는가는 선택이다. 이혼을 한다는 것은 살면서 사람들이 여러 이유로 감추고자 했던 삶의 곪은 부분들이 터져 결과로 나타나는 현상일 뿐이다. 사회적으로 이혼율이 증가한다면 집단적으로 무엇인가가 잘못되었고 사회가 잘못을 바로잡기를 요구하는 것이다.

포스트모던 시대의 아빠의 위치는 아이의 인성과 감성 발달에 엄마의 위치만큼이나 중요하다. 또 아이가 자라는 데 부모가 이혼했느냐 안했느냐가 아니라 부모가 심리적, 물리적으로 얼마나 어떻게 함께했는가가 중요하다.

모든 것이 해체된 사회, 정지가 아닌 흐름, 삶을 추구하는 것이 시대정신인 포스트모던 사회에서 아이들과 아내에게 필요한 아버지는 나무 같은 존재, 강렬한 여름 햇살에 그늘을 주며 비를 가려 주고 하늘을 향해 치솟은 둥지와 가지를 통해 아이들에게 꿈을 꾸게 해주는 존재여야 한다.

남녀를 불문하고 초등학교 3~4학년 때까지 아버지와 심리적 유대를 맺지 못하면 아이들은 가치관 형성, 성 정체성, 건강한 관계를 형성하는 데 장애가 있거나 삶의 이상을 스스로 추구하기 힘들다. 또 감성적으로는 메마르게 되고 분노, 불안, 우울한 기질을 발달시킬 수 있다.

앞으로는 가정과 사회를 위해 30년 앞을 내다보면서 하루에 한 시간이라도 놀아 주거나 일주일에 하루라도 놀아 주는 아빠들이 많이 생겼으면 한다. 아이들이 잘되기를 바라는 이들은 자기 삶의 가치관과 우선순위를 조정하는 결단을 하기를 권한다.

무력감과 분노

무력감과 분노

얼마 전 신문에서 한국 사회에 만연한 흉악 범죄와 사람들의 무력감에 대한 글을 읽으면서, 경찰서에서 상담자로 있다가 심한 우울증에 걸려서 상담받으러 온 여자 내담자의 케이스가 생각났다. 그녀가 상담하던 내담자들은 가족을 학대하여 감옥에 온 사람들이거나 성폭행범들이었다.

K는 알 수 없는 자신 속에 쌓여 가는 무력감과 분노를 느끼면서도 원인을 발견할 수 없었다. 단지 일을 끝내고 집에 돌아와서는 자기 방에서 혼자 시간을 보내었고 잠에 빠져 뒤척이는 날들이 늘어만 갔다. K의 무력하고 지친 모습을 보면서 남편 역시 그녀를 도와줄 수 없는 무력감에 고통을 받았다. 가족들은 한 명씩 한 명씩 삶의 생

기를 잃어갔다.

그런 가족들을 보면서 그녀는 죄책감에 시달리다가 상담하러 오게 되었는데, 상담 과정에서 그녀가 발견한 것은 두 가지였다. 그녀가 어린 시절에 잔인하게 학대받던 아버지에 대한 분노와 그녀가 간접적으로 경험하는 매일 반복되는 인간들의 잔혹성 및 해결될 것 같아 보이지 않는 인간의 고통과 삶의 폭력에 대한 분노였다.

K의 경우는 매일 접하는 인간의 잔인함과 폭행을 접하면서 어릴 적 자신이 아버지 앞에서 훈육이라는 명목 아래 겪었던 무력감과 분노를 다시 경험하면서도 모르고 있었기에 우울증에 시달리게 되었던 것이다.

증가하는 폭력 범죄와 분노

사회에 흉악 범죄가 성행하게 되면 사람들은 불안한 경제나 민심을 읽지 못하는 정치 현실, 또는 도덕성의 붕괴나 이혼율의 증가로 인한 가정 해체가 빚어내는 홀부모와 청소년 문제 등으로 탓을 돌리는 경향이 있다.

그러나 사람들을 공격적으로 만드는 데 불안한 사회적 현실이 문제가 되기도 하나 대부분의 경우는 개개인의 환경(자란 환경을 포함)과 불안과 갈등을 어떻게 해석하고 대처하는가가 더욱 중요하다.

사람들은 일반적으로 범죄자들을 보면 첫눈에 흉악한 사람들이라 알 수 있다고 생각한다. 그러나 많은 범죄자들, 특히 초범인 경우, 온순한 사람들이 많아서 주위 사람들을 당황하게 한다. 특별히 죄책감이 결여된 사회 범죄형이 아닌 경우는 억압되고 억제된 자신의 분노가 순간적으로 폭발되어 범죄를 저지르는 경우가 많다.

상습적으로 폭행하거나 사랑하는 자녀나 부인 또는 자신을 학대하는 것은 저변에 깔린 분노 때문이다. 일반적으로 분노는 심리 내외적 갈등 때문에 생긴다. 또 사람들은 자라면서 갈등 상황에서 반응하는 자신의 독특한 방법들, 즉 분노를 표현하는 방법을 부모로부터 배우게 된다. 분노를 어떻게 표현하는가는 특히 부모의 성격, 관계의 질, 부부간의 정다운 정도, 열린 대화, 형제자매 관계와 훈육 방법, 가족의 가치관에 의해 좌우된다. 부모의 가치관은 아이들에게 말로 가르치는 것이 아닌 분노를 어떻게 표현하는가를 의미한다.

자신의 억압된 분노를 모르고 있다가 폭발하는 경우, 특히 사랑하는 가족이나 교회를 괴롭히고 파괴할 수 있다. 그러나 자신 안에 있는 분노의 원인을 알고 있을 때는 분노를 잘 사용할 수 있다. 자신의 인격 성장을 도모하고 앞으로 살아갈 삶의 방향을 잡을 수 있기 때문에 삶에 생기와 역동감을 줄 수 있다. 즉 아버지의 학대로 분노가 생겼고 아버지를 향한 분노를 억압하였다면, 그 분노의 에너지를 가정 학대 방지 프로그램에 사용할 수 있고 청소년들을 위한 프로그램에 헌신할 수도 있다.

인간이 살면서 갈등 상황을 피할 수 없는 것이 기정사실이라면, 분노를 폭발하거나 억누르는 어릴 적 경험을 극복하여 현재 상황 속에서 어떻게 긍정적으로 갈등에 대처하며 분노를 다루는가는 선택이 될 수 있다.

많은 사람들이 한국인은 인내심이 부족하고 이기적이며 충동적이기 때문에 범죄가 증가한다고 생각한다. 그러나 내 생각은 다르다. 우리 민족 안에는 크게 홍익인간 사상과 선비 정신이 있는데 물질보다 인간을 귀히 여기며, 나 자신보다는 집단과 사회의 안녕을 중요시 여기는 정신이다. 융에 의하면 이것은 현시점에서 보이지는 않는 집단 무의식으로 볼 수 있다. 문제는 그러한 집단 무의식을 어떻게 현실화할 수 있는가이다.

미사리 카페 촌

미사리 카페 촌

요즈음 한국을 걱정하는 사람들의 이야기에서 자주 등장하는 소재 중의 하나는 미사리나 양수리의 카페 촌이다. 카페 촌에 즐비한 러브호텔은 미국에서는 절대로 상상할 수 없다. 어떤 사람들은 한국이 성적으로 더 퇴폐하였다고 본다.

그러나 이러한 특이한 카페 촌은 한국인의 체면 문화에 기인한 현상이다. 체면 문화는 인간의 본래적 성욕을 억압하기를 요구한다. 또한 나이에 따른 일정한 행동과 태도를 요구한다.

그러나 인간의 생존과 즐거움의 원천인 성욕은 아무리 억압한다 해도 없어지는 것이 아니다. 단지 무의식에 잠재되어 기회만 노리고 있다가 기회가 오면 여러 미사여구(영혼의 동반자 등)를 동원하여 합리화하면서 일을 저지르게 되어 있다.

한국이 경제적으로 성장하면서 안정된 사람들은 엥겔 지수에 신경쓰거나 저축으로 삶의 만족을 누리는 것보다는 삶의 질을 높여서 만족을 얻으려고 한다. 즉 경제적 안정으로 더 나아진 현실에 감사하고 만족하면서도 그동안 눌러놨던 감정적인 빈곤과 성적인 욕구를 충족시키기 위해 미사리를 찾게 되는 것이다.

장기적인 측면에서 음성적으로 사람들의 욕구를 충족시키는 미사리 카페 촌은 다양한 사회문제를 만들 가능성이 있다. 따라서 미사리 카페 촌의 문제 속에 숨겨진 보물을 찾는 지혜가 필요하다. 억눌러 욕구가 분출되는 것은 그동안 무시되었던 삶의 부분이 아우성치는 것이다. 개인적으로는 미사리를 찾을 때 느끼는 음지의 자유와 즐거움의 요구를 직시하고 긍정적으로 충족시킬 수 있는 새로운 가능성을 찾아야 한다. 또 공동체적인 면에서는 미사리라는 장소에서 발견한 것을 문화로 꽃피우게 할 수 있는 지혜가 필요하다.

병리적 자해증

병리적 자해증

인간의 욕구와 본능 중에서 가장 원초적인 것이 자기 보존의 욕구이다. 즉 스스로 안전과 생존을 추구하며 나아가 자신의 존재를 다음 세대를 통해 이어나가는 것이다. 하지만 세상에는 더러 이에 반대되는 것을 추구하는 사람들이 있다. 직접적 또는 간접적으로 자신의 존재에 위협이 되는 자해와 자살을 무의식적 또는 의식적으로 행하는 사람들이다.

'오이디푸스 콤플렉스'라는 용어로 세상에 잘 알려진 그리스 신화의 인물 오이디푸스는 '아비를 죽이고 어미를 범한다'는 신탁을 받고 태어난 운명으로 산중에 버려졌다. 그러나 운명대로 아버지 라이오스 왕을 죽이고, 어머니인 줄 모르고 왕비를 아내로 삼아 결국 어머니를 범하게 된다. 살해한 범인을 찾는 중에 라이오스 왕이 자신의 생부였으며, 자신이 범인이라는 사실을 깨달은 오이디푸스는 죄책감으로 스스로 두 눈을 뽑고, 자신의 두 딸인 안티고네와 이스메네에게 의지하며 세상을 방랑하다 죽었다고 한다.

검정색으로 치장한 예술적인 분위기는 K의 곱슬곱슬하고 짧은 검은 머리와 큰 눈, 하얀 피부와 잘 어울렸다. 20대의 아름다운 모습의 그녀는 추측한 대로 아트를 전공하는 매우 섬세한 학생이었다.

그녀가 상담을 요청한 이유는 자신이 겪고 있는 일이 본인도 잘 이해가 되지 않아서 도움을 구하기로 맘먹었다고 한다. 그녀는 자신도 모르게 면도날로 자신의 피부를 그은 적이 몇 번 있었다. 며칠 전에도 그것이 남자친구에게 발각되었고 그의 강력한 권유로 상담을 받기로 결정했다고 했다.

칼로 손목을 자해할 정도의 갈등이 있었는지의 질문에, 자살할 의도는 전혀 없었다고 답했다. 죄책감에 자해한 오이디푸스와 달리 그녀는 죄책감도 갈등도 없었지만 자기 몸에 해를 가했다. 그녀는 병리적 자해증(SIV, Self Inflicted Violence)을 앓고 있었다.

극단적 자해는 존재의 종말을 추구하는 자살이다. 에밀 뒤르켕은 '만성적 자살'을 이야기했는데 이는 간접적이며 장시간 걸리는 자살행위를 말한다. 예를 들면 흡연과 음주, 약물 중독 등이다. 자신의 건강에 해가 되는 것을 알면서도 지속적으로 하는 모든 행동이나 습관이 포함된다. 특히 많은 사람들이 '음주 운전'을 하는데 이는 단시간에 간접적으로 자신의 존재에 해를 가하려는 무의식적 의도의 대표적인 예이다. 이러한 것들과는 달리 병리적 자해증 환자들의 경우는 자살 의도가 없다.

자해증이란?

미국에서는 연간 약 156만 명이, 또 대학생의 약 12%가 자해를 하는 것으로 보고되고 있다. 자폐증이나 정신병으로 인한 것과 달리, 병리적 자해증으로 인한 자해는 직접적(음주 운전같이 간접적이 아닌)이고 반복적이다. 또 자해 직전에 심리적으로 불안정한 상태에 있다. 즉 심한 언쟁 후, 또는 좋아하는 사람과 헤어지는 것을 예상할 때 등 자신이 감당하기 힘든 불안, 분노, 적개심, 두려움, 고통으로 자행된다. 보통 자신의 감정을 언어로 표현하는 것이 힘들고 자신의 감정 상태를 알지 못하는 사람들이 자해하는 경향이 있다.

자해하는 사람들은 보통 혼자일 때 한다. 또 자해하는 동안에 대부분 신체적 고통을 느끼지 못한다. 자해 행위 후에 죄책감이나 혐오감을 느끼기는 사람들도 있지만, 대부분은 자해 후에 심리적 고통의 경감과 해방감, 심리적 평온, 혹은 만족감까지도 경험한다. 바로 이 점 때문에 자해 행위를 반복하게 된다. 또 자살을 의도하지 않았다 할지라도 생명에 위해를 끼칠 수 있는 심리적 병리 현상이기에 위험하다.

주위에 한여름에도 긴 소매를 입고(자신의 상처 부위를 타인들의 시선에서 가리고자), 지나치게 자주 사고를 당한다던가, 수시로 팔이나 다리에 멍이나 칼에 벤 상처 자국이 있는 사람은 자해자일 가능성이 높다. 자해적 증세가 있거나 그런 사람이 주위에 있다면 K의 남자친구같이 강력하게 전문가의 도움을 권해야 한다.

나의 분노가 아동 학대로?

나의 분노가 아동 학대로?

사회에서 증가하고 있는 여러 강력 범죄 중 특히 어린이들을 대상으로 하는 범죄로 사회가 시끄럽다. 어린이 유기 살해 같은 흉악 범죄는 정부와 사회가 관심을 가지고 체계적인 대처를 해야 한다는 기사를 읽었다. 아동 유기 살해라는 사건은 그동안 사회와 개개인이 부인하고 싶었던 인간 속에 있는 어두운 부분들이 더 이상 억압될 수 없는 상태가 되면서 표면화된 것이다. 정부, 사회, 그리고 개인이 적극적으로 이에 대처하여 다루지 않는다면 앞으로 더욱 험악한 일들이 벌어질 것이다.

아동 유기 살해가 적극적인 범죄 행위로 사람들의 지탄을 받는 것에 비해, 사회의 눈에 보이지 않고 범죄로 취급받지도 않고 심지어 있는 것조차 부인되는 아동 유기(살해?)가 있다. 이런 아동 유기는 많은 경우 가정에서 행해지고 있다. 아동의 삶과 정신을 파괴하고 심리적으로 어둡고 추운 곳에서 외로움에 떨면서 살게 하는 모든 것들이 아동 유기이며 살해이다.

만원 버스 속에서 뾰족 구두의 뒤축으로 발을 밟힐 때 밟는 사람은 고통을 느끼지 못하지만 밟힌 사람은 말로 표현할 수 없는 고통을 느낀다. 밟는 사람이 남의 고통을 모르듯이 많은 경우 어른들은 자신들의 행위가 아이들에게 주는 영향에 무감각하다.

얼만 전에 "앤톤 피셔"라는 영화를 보았다. 한 젊은 해군인 앤톤 피셔는 분노 폭발의 문제를 가지고 있었다. 해군에서는 그에게 심리 치유를 권했다. 치유 과정에서 현재 그를 괴롭히는 분노는 어린 시절의 아픔과 연결되어 있는 것을 알게 된다. 그는 생모에게 버림받았고, 위탁 가정에서 자라면서 위탁 부모에게서 좋은 성품의 양성이라는 미명 아래 심하게 심리적, 언어적, 육체적 학대를 당했다.

한국에서는 2000년 1월에 처음으로 아동 학대 방지법이 제정되었다. 또 아동 학대 신고의 75% 이상이 11세 이하의 어린이들이라고 한다. 이는 많은 경우 학대 대상이 자신을 스스로 보호할 수 없는 대상이라는 것을 시사한다.

범죄자나 타인, 혹 아동 학대를 하는 사람들의 심리 내부에 공통적으로 있는 것은 분노이다. 분노의 근원을 외부에서 보는가 혹은 자신의 심리 내부로 보느냐에 따라 다양한 반응을 기대할 수 있다.

분노를 표현하는 데 있어 타인에게 푸는 사람, 자신에게 폭발시키는 사람 등 다양하다. 화가 나면 주위 사람들에게 화를 전가하고 비난하며 주위 사람들을 학대하는 사람도 있다. 또 변형된 분노(스스로 화가 나 있는지 모르는 사람들의 경우)를 가지고 있는 사람은 작은 일에 자신도 모르게 화를 폭발하기 쉽다. 변형된 분노는 특히 좋은 사람이 되고자 하는 사람들, 다른 사람들을 기쁘게 하려고 노력하는 사람들에게 많다. 그들은 분노를 표현한다는 것이 매우 어렵기에 분노를 숨기거나 억압하여 쌓아둠으로써 자신도 모르게 격노의 상태가 되기 쉽다. 자식과 동반 자살하는 사람들은 대부분 극심한 무력감과 두려움이 자신에 대한 분노로 변형되면서 이 같은 일을 저지르게 된다.

화나 분노는 감정적 반응이다. 단순히 화가 나거나 삶에 지쳐, 또 아이들을 위한다는 명목으로 아이들의 영혼에 검은 그림자를 드리우는 아동 학대자가 되기 전에, 분노를 다스려야 한다. 아동 학대를 막고 또 미래의 주역인 아이들의 정신과 생명을 존중하고 잘 자랄 수 있는 환경을 마련하기 위해 먼저 자신의 감정에 대해 잘 알고 인정하는 것이 필요하다. 또 크게는 사회적 차원에서 분노의 근원을 밝히고 대처하는 계속적인 교육이 필요하다.

불안증에 시달리는 사람

불안증에 시달리는 사람

J는 밖에 나가지 못해 상담을 시작했다. 새로운 사람을 만난다는 것이 너무 힘든 상태였기 때문에 상담을 시작할 때 아내가 같이 상담실에 따라 들어왔었다. 그는 심한 불안에 시달리고 있었는데 그는 살면서 실패라는 것이 별로 없던 사람이었다. 10년 동안 하던 장사는 식구에게 맡기고 자신은 친구와 동업으로 새로 장사를 시작했으나, 생각처럼 되지 않으면서 불안증이 생기게 되었다. 동업으로 시작한 장사는 친구가 맡아서 하기로 했는데 문제는 가족과 10년 동안 하던 장사였다. 그는 그 장사가 곧 망할 것이기 때문에 빨리 가게를 정리해야 된다고 하였다.

불안은 이 시대의 가장 절박한 문제들 중의 하나라고 심리학자인 롤로 메이(Rollo May)는 말했다. 불안이란 위험이나 고통이 예상되는 상황에서 신체를 보호하기 위한 일종의 방어 시스템이기에, 적절한 불안은 행동의 동기를 부여하여 학습이나 작업 수행에 긍정적인 영향을 준다.

그러나 지나친 긴장감과 불안을 느낄 때는 기능적으로 산다는 것이 불가능하다. 정신역동적인 입장에서, 프로이트는 불안의 원인에 대해 구체적인 공포를 억압해서 생겼다고 보았다. 즉 불쾌한 반응 아니면 공포 반응이 무의식화와 억압으로 인해 구체적인 내용을 잃고 모호한 불안 반응이 되었다고 보았는데, 여기에는 이별과 상실로 인한 고통, 자기 상실감, 수치심, 죄책감 등이 포함된다.

불안의 증상은 다양하게 나타난다. 연령에 따라, 심리적 발달 단계에 따라, 사회 문화에 따라 다른 양상으로 나타난다. 불안 증상에 개인차는 있지만 전체적으로 신체적, 심리적 반응이 있고 다른 사람들과의 관계와 영적으로 영향을 준다. 불안 증상으로는 말을 많이 하거나 더듬고, 숨이 가쁘고, 초조하며, 땀이 나고, 얼굴이 붉어지고, 손발이 차갑고, 근육의 긴장과 통증, 안절부절못함, 피로감, 불면증, 자다 중간에 깨기, 피곤, 식욕 상실, 수시로 소변보기, 생각할 때마다 온몸이 옥죄는 느낌, 가슴이 두근두근거리거나 답답하고, 얼굴이 달아오르고 어지럽거나, 속이 메스껍기도 하고 구토 증세 등의 신체적 증상이 있다. 심리적으로는 집중력이 약화되며 기억력이 감퇴되기도 한다. 자신도 모르게 울컥 화를 내기도 하고, 심한 경우는 강박적인 사고나 행동에 시달리기도 한다.

콜린스(Collins, 1988)는 불안이 위협과 갈등, 두려움, 충족되지 않은 욕구, 생리적, 개별적인 차이에 기인한다고 한다. 또 스트레스를 많이 주는 문화나 시대 환경이 불안을 가중시킨다. 신경증적 불안은 무의식에 존재하는 내면적 갈등에 기인하는 것이기 때문에 합리적으로 직면할 수도 또 처리할 수도 없다. 따라서 불안증으로 시달리는 사람에게 불안해 할 일이 뭐냐고 화를 내봐야 소용이 없다. 롤로 메이는 이에 대해 "신경증적 불안은 어떤 내면적 갈등이 게재되어 있기 때문에 객관적 위험에 반비례한다"고 했다.

J는 상태가 호전되면서 자신이 왜 그렇게 가게가 망한다고 생각하고 가게를 팔려고 했는지 이해가 안 된다고 했다. J의 경우같이 불안증과 함께 우울증을 겪는 경우가 많아서 중대한 결정은 상태가 호전된 다음에 내리는 것이 좋다. 혹 불안 증상이 있는 사람은 자신에게 불안의 요인과 해결책을 찾아보고, 쌓여 있는 스트레스가 있으면 스트레스를 풀고 자신이 좋아하는 일에 몰두하기를 권한다. 불안을 덜기 위한 음주는 피해야 한다.

제3부 어른 아이

천상 여자

천상 여자

40대의 K는 '천상 여자'라는 별명을 가지고 있다. 수줍어해서 밖에 나가 소일하기보다는 집안에서 혼자 책을 읽는 것을 즐긴다. 또 시간이 날 때마다 시나 산문을 쓰면서 시간을 보낸다. 그녀는 사교 모임에 참석하지 않는다. 핑계거리를 대서 자리를 피하지만 사실은 사람들을 만나는 것이 불편하고 싫어서다. 그녀는 사람들을 만날 것을 생각하면 가슴이 답답하고 초조하다. 또 만나도 말이 입 안에서 맴돌고, 정신이 멍하며, 무슨 말을 해야 할지 난감하다. 가끔 사교 모임에 부부 동반할 때 남편은 그녀의 소극적이고 수줍은 태도에 불만을 표시하기도 한다.

그녀의 수줍음의 역사는 꽤 오래됐다. 아주 어릴 적에는 학교 가는 것이 싫었다. 더 자라서는 수업 시간에 책을 크게 읽는 것도 힘들었다. 주로 혼자서 점심을 먹었으며 본인이 나서서 친구들을 사귄 적은 없다. 또 본인이 친구에게 연락하는 적은 거의 없었다. 대학에 들어가서는 미팅이라는 것에 나가는 날은 꼬박 굶는 날이었다. 도저히 남학생 앞에서 음료수조차 먹을 수 없었고, 말을 할 때도 상대방 눈을 볼 수가 없어 "예, 예" 대답만 하다가 집에 돌아오는 게 보통이었다.

너무 수줍어하여 대학 졸업 후 취직은 생각도 못하다가 중매로 현재의 남편과 결혼했다. 한국 문화 정서에서 K는 '천상(태어나길) 여자'로, 조선 시대에 태어났으면 요조숙녀로 만인의 칭송을 들었을 것이다. 문제는 그녀가 조선 시대가 아닌 21세기, 자신을 나타내고 다른 사람들과 관계를 맺고 살아야 하는 시대에 살아야 하는데 거기에 갈등이 있다.

K의 경우는 사회 불안 장애(Social Anxiety Disorder)이다. 사회 불안 장애는 대부분 수줍음과 혼동되는데, 장애로 분리하는 경우는 수줍음이 개인의 삶에 지나친 영향을 줘서 직업 수행이나 관계적 면에서 문제가 생길 정도로 심각한 경우이다. 즉 학교나 직장을 중간에 그만두어야 하거나, 어떤 사람들은 직업을 가져야 함에도 불구하고 인터뷰를 피하기 위해 면접에 가지 않기도 한다.

남들은 그들의 고통을 이해할 수 없으나 본인들은 견딜 수 없을 정도로 신체적 고통과 증상이 심각하다. 예를 들면 사람들을 만났을 때 심장이 너무 뛰거나, 입이 마르고, 목소리가 떨리며, 어지럼증이 있거나, 땀을 흘리고, 혹은 혼절까지 하기도 한다.

이 장애를 앓고 있는 많은 사람들은 자신이 느끼는 고통과 더불어 남들 앞에서 실수할까봐 지나치게 조심한다. 그리고 삶의 발전이나 변화를 피한다. 따라서 삶의 질은 떨어질 수밖에 없다. 그리하여 더욱 자신감을 상실하는 사이클을 반복하기 때문에 사회 불안 장애는 삶을 고사시키는 '소리 없는 총성' 같다.

미국에서는 약 13%의 사람들이 일생에 한번은 이 장애로 고생하며, 이 장애로 고생하는 사람들은 또 우울증에 걸릴 가능성이 많다. 또 사회 불안 장애를 가진 사람들은 일반 사람들에 비해 약 13배나 높게 자살 시도를 하며, 2배나 많게 알코올 중독자가 된다.

상담이 삶의 한 부분이라고 볼 수 있는 미국 사회에서도 이 장애로 고통을 겪는 사람 중에 단지 5%만이 전문적인 도움을 구한다고 하니, 이 장애로 고생하는 한국인들과 또 '천상 여자'라는 말을 들을 수 없는 남자들을 생각하면 가슴이 저리다.

섭식 장애—먹어도 살이 되지 않는

섭식 장애-먹어도 살이 되지 않는

E는 12월이 되면 걱정이 더 많아진다고 한다. 송년회와 교회의 잦은 모임 때문에 음식 조절이 불가능하여 체중이 기하급수적으로 증가한다고 한다. 아이들은 이미 다 자라서 그녀의 도움을 필요로 하지 않는다. 아름답게 자란 아이들을 바라보면서 그녀는 자신이 이제는 더 이상 아름답지도, 젊지도 않다는 것을 순간순간 느끼고는 가슴이 서늘해진다고 한다.

그녀는 중년의 나이에 비해 젊고 아름다웠으나, 자신은 전혀 그렇게 생각하지도 않고 인정하지도 않았다. 언제부터인가 일이 끝나고 집에 오면 그녀는 정신없이 음식을 먹고 난 후에는 몰래 토하거나 설사제를 복용했다. 그러나 이 사실을 아무도 눈치 채지 못하고 있었다.

그녀는 대식증을 앓고 있었다. 대식증은 거식증과 함께 섭생에 관계된 것으로 체중 증가에 대한 극심한 공포와 음식에 대한 비정상적인 강박증을 수반하는 질병이다. 심한 경우는 사망하기도 한다. 미국의 유명 가수인 '카펜터스'의 여성 멤버였던 카렌 카펜터스가 거식증으로 사망했다.

많은 경우 음식 섭취 장애는 보통 청소년기 이후에 발생한다. 그러나 최근 ABC에서 조사한 바에 의하면, 연령이 낮아지고 있다고 한다. 심지어는 5~6세의 여아들에게서도 거식증이 발견되고 있다고 한다. 원인은 다양하다. 왕따에 대한 두려움, 남에게 인정과 사랑을 받고 싶다는 욕망, 미디어에서 이상적인 섹시한 여성상으로 제시하는 브리트니 스피어스 등 연예인들에 대한 이상화 및 동일시에 기인한다. 또 몸매와 외모를 강조하는 부모들의 영향일 때도 있고, 불안정한 가족 분위기에서 기인하기도 한다. E의 경우같이 깊은 상실감과 연결되어 있기도 한다.

음식을 절식하는 거식증과 달리 대식증은 한꺼번에 엄청나게 많이 먹는 것이다. 진단은 다음 다섯 가지 요건 중에서 세 가지 이상 해당되는 경우이다.

1) 정신없이 마구 먹어도 탈이 없고 쉽게 소화시킬 수 있다.

2) 정신없이 먹을 때 남의 눈에 띄지 않는 경우가 많다.

3) 토하는 것 또는 복통, 수면으로 먹는 것이 끝난다.

4) 극심한 다이어트, 의도적인 구토, 설사제나 이뇨제의 사용으로 체중 감소를 의도한다.

5) 포식과 극심한 다이어트를 반복하여 시도함으로써 적어도

4.5kg 이상의 체중 변화가 생긴다.

거식증이나 대식증 모두 정신적, 육체적 면에서 위험하다. 하지만 E처럼 대식증은 감쪽같이 주위 사람들이 모를 수 있기 때문에 도움을 받을 수 있는 시기를 놓칠 수 있다. 토하기 때문에 육체가 요구하는 양보다 영양이 부족할 때 정상적으로 기능할 수 없게 된다. 영양분 부족으로 여러 부작용이 나타날 수 있다. 부작용 증상으로는 정신병을 비롯하여 시력이 약해지거나 우울증, 저혈압, 소화 기능의 장애, 간과 신장 기능의 장애, 혈구 기능의 감소, 골다공증, 생리 불순, 나아가 심장 혈관 기능의 저하와 갑상선 장애를 일으키기도 한다.

또 대식증에 걸린 사람은 먹고자 하는 것과 먹는 것에 대한 공포가 동시에 아니면 교대하여 생기기 때문에 자신에 대한 비하감을 느끼거나 우울감과 죄책감을 경험하기도 한다. 그리고 섭식 장애로 뼈와 치아에서 지나치게 칼슘이 빠져나가기 때문에 심한 경우 치아를 잃거나 척추가 내려앉아 키가 줄어들기도 한다. 또 우울증과 강박증을 비롯하여 건전한 정신 기능이 저하됨으로 인해 사람들의 접촉을 기피하게 만드는 결과를 초래한다.

더 아름다워져서 많은 사람들의 인정과 애정을 받고자 생긴 거식증이나 대식증 때문에 아름다움이나 사랑받는 것과는 멀어지게 되니 아이러니이다.

결혼의 성공 요소

결혼의 성공 요소

중년 부부의 갈등을 다룬 "고백"이라는 드라마에서 원미경, 유인촌 부부가 '사랑'에 대한 서로 다른 이해의 차이로 갈등하는 장면이 있다. 남편 유인촌은 결혼이 성공했다고 믿고 살아왔던 원미경에게 아내를 향한 자신의 사랑이 다른 여자에게 이미 옮겨갔다고 고백한다. 그런 유인촌을 향해 원미경은 그것은 사랑이 아니라고, 사랑은 좋고 아픈 기억을 넘어 서로 감싸고 다듬고 쌓아가는 것이라고 절규한다.

그들의 고통과 갈등은 결혼을 앞둔 수많은 젊은이들이 가지고 있는 결혼 공포증이 왜 착각이 아닌지를 반영하고 있었다. 많은 사람들이 결혼 전 갈등하는 것은, "이 사람이랑 정말 백년해로할 수 있을까?

나를 사랑한다고 하는 마음이 혹시 변하지는 않을까?' 하는 생각 때문이다.

한국 사회가 많이 변하고 있고, 사회 각처에서 가정 살리기 운동이 일어나고 있다. 문제는 시대가 달라짐에 따라 가치와 규범이 바뀌고 있다는 것이다. 그래서 무조건 가정을 지키라고 하는 것은 더 이상 통용되지 않는 시대가 되었음을 드라마가 제시하는 것일 수도 있다.

결혼을 앞둔 대부분의 사람들은 결혼의 성공 여부에 대해 갈등하면서도 자신들의 사랑은 어떤 어려움도 극복할 정도로 변함없을 것이라는 확신 때문에 결혼을 결정한다. 그렇게 결혼했지만 이혼율은 50%에 육박하고 있어 세계 두 번째라는 과히 자랑스럽지 않은 위치에 도달하였다. 또 미국에서는 재혼한 사람들의 재이혼율이 75%이다.

결혼의 성공 요소는 여러 가지가 있다. 그중에서 가장 중요한 것은 열정, 친밀감, 헌신이다. 헌신은 상대방과 자신을 믿을 수 있는 능력을 바탕으로 한다. 헌신이라는 것은 순간이나 자신의 유익이나 감정에 좌우되는 것이 아닌, 공유된 약속으로 의지적인 요소이다. 헌신은 자신을 넘어 더 큰 삶의 그림과 의미와 가치를 볼 수 있을 때 생긴다. 유인촌의 사랑도 사랑이고 원미경의 사랑도 사랑이지만, 사랑에는 여러 단계가 있다. 가장 좋은 것은 영원한 것이다. 원미경의 사랑이 헌신에 바탕을 두었다면, 유인촌의 사랑의 정의는 삶의 에너지, 열정이다.

많은 사람들이 둘 중의 하나를 택하는데, 사실은 학습과 현실 직시를 통해 둘 다 공유할 수 있고 또 그럴 때 삶은 아름답게 되며 자식들도 '복 받게(정서적으로 안정되고 발달적 측면에서 성장하게)' 되는 것이다. 따라서 좋은 상대를 찾는 젊은이들이나 재혼자들은 상대방이 얼마나 잘해 주는가도 중요하지만, 얼마나 자신과 상대방 속에서 헌신과 열정의 균형이 되어 있는지 살펴보아야 할 것이다.

송년 파티

송년 파티

어릴 적에 집안 어른들께서 신문 읽는 것이 겁이 난다는 말씀을 하실 때 속으로 의아하게 생각했다. 하지만 이제 신문을 읽으면서 그분들의 마음을 어느 정도 헤아릴 수 있는 것은 세상 소식을 접하면서 보고 싶지 않은 삶의 부정적인 모습이 신문에서 실체로 확인되기 때문이다.

12월은 많은 사람들에게 힘든 달이다. 일 년의 마지막 달로 지난 한 해를 돌아보게 하며 새해를 바라보면서 스치고 지나가는 세월의 허망함이 가슴속을 서늘하게 한다. 노력은 열심히 했는데 돌아온 것은 너무나 적고 그에 따라 느껴지는 가벼운 자신의 가치, 어찌 다음 해를 보내야 하나 하는 생각에 감당하기 힘든 삶의 무게를 느끼는 달이다.

생활하면서 또 자신을 돌아보면서 느껴지는 마음의 부담과 들려오는 부정적인 소식들은 사람들로 하여금 심리적으로 위축하게 한다. 위축된 심리는 아주 우울증으로 위축되든가 아니면 반작용으로 자신들의 억압된 심리적 에너지를 밖으로 발산하게 한다.

12월이면 신문 지면에 화려하게 장식되는 송년 파티, 특히 동창 송년 파티는 그러한 측면에서 긍정적인 역할을 할 수 있다. 자기만 늙는 것이 아니고 힘든 것도, 혼자가 아니라는 것도 보고듣게 한다. 또 웃고 떠드는 가운데 꿈과 미래가 있던 어린 시절의 행복한 시절로 돌아가게 하여 새로운 에너지를 받게 만든다. 그런 측면에서 송년 파티는 상당히 긍정적이다.

여성의 음주와 건강

며칠 전 뜨거운 부정(父情)을 가진 아버지가 6세 된 아이를 위해 자신의 신장을 팔겠다고 인터넷에 광고했다. 그것을 읽은 많은 사람들은 적지 않은 심리적인 반응들을 경험했을 것이다. 그는 자신의 신장이 건강하다는 것을 증명하고자 자신은 사교적인 경우에만 술을 즐기는 사람이라고 광고했다. 신장을 팔지 않고도 딸의 병을 고치고자 하는 그의 염원이 해결되길 바란다.

그 아버지뿐 아니라 많은 사람들이 자신은 사교적 목적으로만 음주하기 때문에 음주 문제가 없다고 자부한다. 또 적당한 양의 음주는 건강에 좋다고 믿는다. 특히 여성들의 경우가 그런 것 같다.

문제는 적당한 양이 사람에 따라 다르다는 것이다. 특히 여성의 경우는 더욱 조심해야 한다. 왜냐하면 여성이 알코올에 더욱 민감하게 반응하기 때문이다. 같은 양을 마셔도 남성보다 혈관의 알코올 농도가 높고, 알코올의 영향은 나이든 여성일수록 더하다. 또 하루에 한잔 이상 마실 경우 유방암에 걸릴 가능성이 더 높아지는데, 한잔당 10%가 높아진다. 또 여성의 경우 두 잔을 넘기면 과음(heavy drinking)에 해당된다.

더욱더 즐겁고 안전한 사교 모임을 위해서는 폭주를 피하는 것이 중요하다. 폭주는 적당량의 4배를 넘는 경우를 말한다. 여성의 경우 적당량이라는 것은 하루에 4.2% 맥주의 340g, 10% 포도주의 140g을 마시는 것이다. 따라서 건강도 해치지 않고 즐겁고 의미 있는 파티를 즐기기 위해서는 자신의 음주 패턴을 파악해야 한다. 적당량을 마시는지, 아니면 어느 정도 마시는지, 또 어떤 때 술을 더 마시는지를 알아야 한다. 마시기 전 어느 정도 마시겠다고 목표를 세우는 것도 필요하다. 즉 음주를 하게 하는 원인(피로, 분노, 배고픔, 슬픔, 외로움 등)이 있다면 문제를 직시해야 한다. 술이 술을 마신다는 것을 상기하고 그럴 때일수록 한잔이라도 스스로 절제해야 한다.

수줍음과 '발'의 문화

수줍음과 '발'의 문화

여성의 수줍음, 한국 문화 속에 있는 수줍음은 집 대청에 처진 '발'(현재의 커튼이나 스크린과 비슷한 역할을 했다)에 나타난다. 한국의 여름은 '발'과 함께 무르익는다. 여름이 아니라도 양반 여성이 부득이 남성을 만나는 경우는 '발'의 도움이 절대적으로 컸다. '발'의 문화는 보통 섬세하게 만들어진 은근한 '발'을 통해 내자의 수줍은 자태를 보이며 내자와 외인을 분명히 구분한다.

'발'은 수줍음의 표현이다. 아무런 방어 기능이 없는 '발'이 경계적, 방어 역할을 할 수 있는 데는 한국 문화에 있는 타인에 대한 존중과 기다림이 있기에 가능했다. 흥미롭게도 관계의 주도권은 '발'을 친 연약한 내자가 쥐고 있고 내자의 의지와 선택에 의해 올려지고 외인을 받아들인다.

배꼽티를 입고 엉덩이에 걸치는 바지를 즐겨 입는 세대에게 수줍음이라는 단어는 낯설다. 어느새 '발'은 한국인의 삶 속에서 자리를 감추어 가고 있어 '발'이 무엇인지 모르는 젊은이들이 많다.

이제는 많은 사람들에게, 특히 젊은이들에게 수줍음은 더 이상 여성적인 성향으로 나타나지 않는다. 이제는 능력 있고 재치 있는 여자, 노래도 잘하고 농담도 잘하는 여자, 관계에서도 적극적인 여자가 긍정적인 모습으로 나타난다. 학교에서도, 직장에서도 심지어 가족 관계에서도 그런 여성이 부각된다. 특히 십대의 삶 속에서 중요한 것은 공부뿐 아니라 얼마나 친구들에게 인기 있는가가 중요한 평가 기준이다. 이는 어른들의 세계에서도 마찬가지다. 인기를 위해 많은 사람들이 재치와 유머 있는 말재주를 갈망한다.

삶의 공간에서 '발'이 커튼으로 대치되면서 수줍음이 아니라 적극성과 능력이 여성의 미덕이 되었다. '발'과 함께 수줍음은 점점 그림자의 세계로 숨고 있다. 많은 사람들이 자신의 수줍음에 대해 이야기하기를 꺼려 한다. 보통 '수줍어한다'는 표현은 아이들에게만 적용하려고 한다. 특히 남성들은 자신의 수줍음을 점잖은 미소나 술로 감추려고 한다.

그러나 문화는 집단 무의식 속에 담겨 있는 원형의 상징이다. 수줍은 '발'의 문화는 커튼이나 블라인드 속에 나타난 있는 정신과는 다르다. 첫인상은 아련해서 수줍게 느껴지는 '발'은 외부와 단절되거나 자신을 철저히 숨기는 것이 아닌, 자신의 존재와 아름다움을 보여주는 용기 있고 절제된 수줍음이다.

수줍음

"저는 파티에 초대받으면 마음이 편하지가 않아요. 추수감사절뿐 아니라 동창회 연말 파티, 직장 파티, 남편 친구들 모임 등 한 해가 가기 전에 만나자는 모임이 많지만 모임에 가도 즐겁지 않아요. 다른 사람들은 농담도 잘하는데……나눌 이야기도 없고, 다들 이야기하는 데 중간에 끼기도 쉽지 않고, 내가 이야기를 힘들게 꺼내면 다들 맨송맨송하게 쳐다보고……다들 모여서 하는 이야기가 속물 같은 내용이고……."

친목을 다지고 즐기기 위해 만나는 모임이 K씨에게는 스트레스를 준다. 수줍음을 몹시 타는 그녀는 할 수만 있으면 사람들이 많이 모이는 장소, 특히 생소한 사람들이 많은 곳에 가거나 초면의 사람과 대화하는 것을 피하고 싶어한다. 부끄럼을 타는 그녀가 "여성스럽고 사랑스럽다"고 하던 남편도 가끔은 그녀가 적극적인 면이 없는 것을 아쉬워한다.

수줍은 사람들은 무의식적으로 지나친 자의식과 타인의 반응에 대해 민감해 하며, 자신이 부족하다고 생각하거나, 타인에게 거부당할지 모른다는 두려움을 지니고 있다. 또 만성적인 소외감으로 고통을 겪는다.

수줍음을 타는 데는 여러 가지 이유가 있다. 부모들이 수줍음을 타거나 대화가 없는 가정 환경에서 자란 경우이다. 그리고 자라는 과정에 친구들에게 왕따당한 경험이나 실패 등으로 수치심이 쌓여 관계를 시작하고 유지시키는 사교 기술이 부족한 경우가 태반이다. 따라서 새로운 사람들을 만나고 관계를 유지하는 데 일반적인 사람들보다 시간과 노력이 더 필요하다.

흥미로운 것은 심리학자인 버너드 카두치(Bernard Carducci)의 연구에 의하면, 미국인의 48%가 수줍음을 타고 인간관계를 맺는 데 어려움을 겪는다고 한다. 또 약 12%의 수줍음을 타는 사람들은 친구를 사귀기 위해, 또는 자신들의 불편한 마음을 일시적으로 풀기 위해 청소년 때부터 술이나 마약에 의존하는 경향이 있었다. 또 사회관계 기술이 부족하고 심리적 혼돈 상태이거나 '노'(no)를 못하기 쉽다. 따라서 본인의 의사와 상관없이 순간적으로 육체적인 관계를 맺을 가능성이 높고, 자신이 원하지 않는, 자신의 이익과 반대되는 행동을 하면서도 그런 행동을 합리화하는 경향이 있다.

따라서 파티를 비롯해서 새로운 사람들을 만나는 장소에 가기 전에 수줍음 때문에 고통받는 이들에게 권하고 싶다. 자신의 수줍은 존재를 그대로 받아들이고, 심리적으로 불편한 상황에서는 음주에 의지하지 말고 객관적으로 자신과 상황을 대면하고 인지하면서, 장기적으로 인간관계 향상 기술 훈련을 쌓으라고 말이다.

스파이더맨

스파이더맨

요즈음 초인간적이고 초자연적인 힘을 가진 인물을 다루는 환상적인 영화들이 흥행에 성공하는 것 같다. "반지의 제왕", "스파이더맨", "해리 포터" 등이 대표적인 영화이다. 많은 젊은 사람들이 좋아하는 "스파이더맨"을 보면서, 시대의 변화를 읽어내는 재주 있는 사람들이 많다는 생각을 했다. 한편으로는 쇼비즈니스에 있는 사람들같이 그리스도인 중에서도 시대를 읽고 대중을 인도하는 사람들이 나왔으면 하는 마음이다.

만화를 각색한 "스파이더맨" 영화는 사회 집단 무의식과 인간 무의식에 있는 그림자와 추구해야 하는 참 자아에 대한 이야기이다. 이 영화 속에는 인간 심리 역동이 잘 나타나 있다. 인간 내면에 있는 삶과 행복, 일과 관계의 의미, 선과 악, 당연히 여겼던 삶의 부분들이 흔들리면서 겪게 되는 윤리적 갈등, 융이 즐겨 이야기하는 페르소나, 가면 속에 숨겨진 자신을 찾아가는 과정이 다양하게 전개된다.

또 영화는 인간의 본초적인 욕구인 공격성과 관계의 욕구를 바탕으로 인간의 한계 상황을 초월하고 싶은 본래적 환영을 만족시킨다. "스파이더맨"의 이야기는 사실 우리의 이야기이다. 그러니 안 재미있을 수가 없다.

"스파이더맨"이 자신의 가면 속의 모습을 사람들에게 보여주는 체험은 그와 메리제인에게 있어서 존재와 관계의 회복이며 통합이다. 존재의 통합적 체험은 자신을 변형시키고 주위를 변형시킨다. "스파이더맨" 영화에서 이 시대를 사는 사람들에게 주는 중요한 메시지가 있다고 본다. 각자에게 주는 메시지는 다르겠지만…….

어느 십대의 자살

어느 십대의 자살

"세상이라는 창살 속에서 지치고 고달픈 삶은 결코 그 고달픔이라는 힘을 상실하는 법이 없다"고 셰익스피어는 말했다. 그가 말한 삶의 정의는 고달픔과 지침이다.

그러한 삶의 정의와 빛깔은 K의 경우를 말한다. 그의 삶의 빛깔은 어두운 얼굴빛에서 읽을 수 있었다. 지치고 고달픈 삶, 그리고 그러한 삶을 끝내는 것을 생각하기에는 아직도 어린 18세였다. 부모는 그를 참으로 사랑하였다. 그가 대학을 향해 힘차게 발을 내디뎠을 때는 헤어진다는 아픔을 넘어 자랑스러움에 모든 사람들에게 그가 얼마나 늠름한지 장시간 늘어놓고는 했다.

그는 대학교에 들어간 지 4개월 만에 기숙사 창에서 뛰어내렸다.

알코올 기운이라고도 하고 약 복용으로 실족한 것이라는 등 여러 말이 있었다. 그의 자살은 참으로 많은 사람들을 아프게 하였다. 특히 부모의 고통은 보는 사람들도 가슴이 아플 정도였다.

상담하다 보면 아픈 경우를 많이 보지만, 가장 고통스러운 것 중의 하나는 사랑하는 사람을 먼저 보낸 것이고, 그중에서 더 고통스러운 것은 자살한 경우이다. 자식이 자살한 경우 부모는 사전에 방지하지 못했다는 자책감과 떠난 자식에 대한, 또는 자신에 대한 분노와 죄책감에 시달린다. 또한 부모가 자살의 원인 제공자가 아닌가 하고 바라보는 주위의 질책 비슷한 시선에 의해 수치심과 기막힘 등 평생 고통을 짊어지고 가야 하는 경우가 많다.

미국에서는 매년 2만 5천 명 이상이 자살한다. 1950년 이후 십대의 자살은 배로 뛰었고 계속 늘어나는 추세이다. 십대 치사율의 원인에 자살이 두 번째를 차지할 정도이기에 부모들은 자녀들의 정서 변동에 관심을 기울일 필요가 있다.

자살을 집중적으로 연구한 결과에 의하면, 빈민층보다 경제적으로 안정된 사람들의 자살률이 높다는 점이 흥미롭다. 경제적으로 안정되어서 배부르고 등 따뜻하면 됐지 무엇이 걱정이냐 하지만, 우울해 하는 가족들이나 아이들을 방치하다가는 문제가 생길 수 있다.

인종간의 자살률을 비교해 보면 백인이 흑인보다 두 배가 높고, 경제적 부를 누리는 사람들, 종교가 없는 사람들, 혼자인 사람들의 경우가 높다. 흥미로운 것은 여자가 남자보다 자살 시도를 더 많이 하지만 성공률은 남자들이 높다.

또 사회심리학자인 데이비드 필립스가 조사한 바에 의하면, 자살은 전염성을 가지고 있다. 특히 신문을 비롯한 매스미디어에서 확대

되는 정도와 자살 소식을 접한 사람들의 반응에 따라 또 다른 자살자를 만들 영향력이 더 크다. 예로는 마릴린 먼로의 자살을 대대적으로 보도한 1962년 8월 6일 이후 8월에만 정상적인 평균 자살률보다 200명 이상이나 더 자살했다고 한다.

십대는 어른으로 성장해 가는 전환적 발단 단계에서 오는 책임감, 분명하지 않은 자신의 정체성으로 인한 심리적 부담, 주위의 인정을 필요로 하며 타인의 영향을 받기 쉽기 때문에, 자살이라는 함정에 걸려들기 쉽다. 더구나 가까운 친구가 자살했을 경우는 더욱 위험도가 높아진다.

또 집안에 자살 내력이 있는 경우에도 자살 가능성이 높다. 삶이 지겹고 자살하고 싶다는 생각을 주위 사람들과 나누는 사람들 중에 약 33%는 실제로 자살을 시도한다. 따라서 자살 방지 차원에서라도 그들의 고통에 관심을 기울이고 실질적인 도움이 무엇인가 발견하여 제공하는 것이 필요하다.

어둠의 자식들

어둠의 자식들

"화려한 시절"이라는 한국 드라마를 볼 기회가 있었다. 극중에서 모범생인 형과 그와 정반대인 전형적인 십대 반항아 동생의 이야기였다. 동생은 십대의 성적 호기심과 치기로 색시 집에 갔지만 일도 못 보고 알몸으로 도망 나온다. 친구들과 함께 감방에 간 그는 자랑스럽게 "이제 우리는 모두 어둠의 자식들이다"라고 말한다.

대부분의 사람들이 이러한 청소년들을 보고 버린 자식들이라고 말한다. 따라서 십대 스스로 자신을 '어둠의 자식'이라고 칭하는 장면은 가슴을 찡하게 했다. 일반적인 사회적 편견과 인식을 내재화하여 표현한 것이기 때문이다. 즉 "화려한 시절"을 사는 모범생인 형, 빛의 자식들과는 다른 자기 정체감과 아픔을 나타내고 있기 때문이다.

'어둠의 자식들'이라는 표현은 단순히 사회적 반항아들에게만 해당되는 것은 아니다. 생각보다 많은 사람들이 어둠의 자식들로 고통스러운 삶을 살고 있다. 인생의 어두움, 즉 세상의 빛이 전혀 자신과 관계가 없는 것 같아 몸서리치며 고통받는 사람들, 어둠의 자식들은 보통 우울증에 시달린다.

그들은 자신의 무가치함과 무력감으로 고통받으며 앞날에 대한 어두운 생각, 소망 없음으로 인해 고통받는다. 미국인의 약 5%가 심각한 우울증을 경험하고, 약 5%는 심각한 정도는 아니지만 인생에서 체험하는 어두움으로 인해 고통을 경험한다.

욥은 고통 중에 말하였다. "어찌하여 곤고한 자에게 빛을 주셨으며 마음이 번뇌한 자에게 생명을 주셨는고 이러한 자는 죽기를 바라도 오지 아니하니 그것을 구하기를 땅을 파고 숨긴 보배를 찾음보다 더하다가 무덤을 찾아 얻으면 심히 기뻐하고 즐거워하나니 하나님에게 둘러싸여 길이 아득한 사람에게 어찌하여 빛을 주셨는고……평강도 없고 안온도 없고 안식도 없고 고난만 임하였구나"(욥 3:20~26).

의인이라고 칭함받았던 욥의 고통은 빛의 자식으로 살고자 했지만 할 수 없었던 많은 어둠의 자식들의 고통을 대변하고 있다.

아이들 우울증의 증상

많은 사람들이 우울증에 걸리면 울음으로 세월을 지새운다고 생각한다. 심각한 우울증의 경우는 전문가가 아니라도 알 수 있다. 그러나 우울증이 꼭 울음을 동반하는 것은 아니다. 특히 어린이나 청소년의 우울증은 증상이 다르다.

우울증에 걸린 어린이들의 경우 대부분 부끄럼을 잘 타거나, 게으

르거나, 말을 잘 듣지 않기 때문에 주위 사람들이 알아차리기가 쉽지 가 않다. 즉 우울증 걸린 어른들이 일반적으로 보이는 식욕 감퇴, 체중 감소, 수면 장애 등의 증상은 어린이나 청소년의 경우에는 경미하다. 대신 위통이나 두통의 호소, 의기 소침, 부끄럼, 잦은 싸움이나 말썽 피움, 해야 하는 일을 잘 잊어버림, 상습적으로 물건을 분실, 자주 다치는 등 다양한 증상으로 나타난다. 자신의 욕구가 수용 안 될 때 발작적으로 성질부리기, 물을 엎지르고도 잘못했다고 사과하는 등 지나친 소심증뿐 아니라, 공부나 생활에 지나치게 근심 걱정하는 것도 우울증의 증상에 포함된다. 또 청소년기에는 사회적 반항이나 싸움, 물건 훔치기 등 슬픔보다는 분노로 자신들이 느끼는 인생의 어두움을 표현하는 것이 보통이다.

어린이나 청소년의 우울증을 방치할 경우 어른이 되면서 심각한 우울증으로 발전하거나 적지 않은 경우는 정신 장애를 앓기도 한다. 보통 십대에 시작하는 흡연도 많은 경우 우울증과 관계가 깊다. 왜냐하면 니코틴이 항우울 작용을 하기 때문이다. 따라서 우울증이 있는 사람들은 금연이 매우 힘들다. 그래서 주위 사람들이 그들을 어둠의 자식들로 매도할 때면 아이들의 상한 영혼은 더욱 상하게 되고 그들이 느끼는 인생의 빛은 더욱 어두워지기 때문에, 매도하기 전에 '조심 또 조심'이 필요하다. 우울증이 있다고 보이거나 스스로 못난 '어둠의 자식'으로 인식할 때는 매도보다 잘하는 것, 좋은 면들을 칭찬하고 격려하는 것이 필요하다. 또 증세가 호전되지 않을 때는 전문가의 도움을 받기를 권한다.

어른 아이

어른 아이

사람은 쉽게 변하지 않는다. 자신의 성격이나 사는 스타일이 마음에 들지 않지만 고칠 수 없을 때가 많다. 살면서 삶이 주는 무게가 감당하기 힘들 때가 많은 것이 사실이나 가장 견디기 힘든 것은 자신이 싫은 경우이다.

갈등이 생길 때 적당히 피하는 데 선수인 H는 전문직에 종사하고 있다. 40대 중반으로, 외부적으로 모든 면에서 부족함이 없는 생활을 하고 있다. 선비의 외모를 하고 있는 그는 갈등이 생길 때 소극적인 방법, 갈등 장소를 떠나거나 갈등 대상을 피한다. 이유는 모르지만 아내가 마음에 안 든다는 명목으로 20년 결혼 생활 동안에 여러 명의 여성 편력이 있는 그는 현재도 여러 명과 관계를 맺고 있다.

또한 남편과 아버지로서의 역할과 책임을 지기보다는 아내나 아이들이 자신의 역할을 대신하게 하는 상황을 만든다. 그는 타인의 일에는 열심이나 아이들의 교육이나 요구, 아내의 욕구와 감정, 집안일에 대해 무관심하며, 주일과 공휴일에도 가족과 보내기보다는 술과 골프로 주로 시간을 보낸다. 체면을 중시 여기는 그는 시간과 돈을 타인의 인정을 받는 데 사용한다.

경제적인 면에서도 은퇴나 아이들의 교육에 투자하기보다는 사교생활과 타인의 인정을 받는 데 사용한다. 또 자신의 문제와 남의 문제, 자신의 감정과 남의 감정을 구별하지 못하는 경향이 있다. 문제 발생 시 화부터 내거나 남을 비난한다.

H는 육체적, 지적, 사회적 면에서는 어른이지만 감정적 성숙도에서는 아직도 미성숙한 '어른 아이'(adult child)의 성향을 가지고 있다. 에릭슨은 인간 발달의 8단계를 말했다. 각 발달 단계에서 이루어야 하는 과업을 이루지 못했을 때 인성의 부정적인 면이 발달되며 다음 단계의 발달 과업 성취에 영향을 준다고 보았다.

어른 아이의 성향

그의 발달 단계를 근거로 보면 '어른 아이'의 특징적 성향은 자율성, 주도성, 근면성, 주체성이 부족하다. '어른 아이'의 행동 이면에는 보통 깊은 외로움과 수치심, 죄책감, 분노, 열등감이 있다.

또 감정적, 경제적으로 아직 부모와 분리되지 못했기 때문에 어른이 되면서 성취해야 하는 친밀한 관계를 맺고 사는 것이 힘들다. 친밀한 관계는 신뢰, 자신의 정체성, 상대방과의 분명한 경계를 바탕으로 하기 때문이다.

따라서 마음속 깊은 곳은 늘 외롭다. 외로움을 해결하고자 아내나 남편 외의 다른 사람과 삼각관계를 이루거나 자신에게 해가 되는 모임에 끼기 쉽다. 불행한 것은, 이혼하고 자신에게 맞는 것 같은 짝을 찾아서 재혼해도 비슷한 일이 되풀이된다는 것이다.

또한 '어른 아이'는 경제적, 사회적인 면에서 어느 정도 성취를 거둔다 해도 자신의 가능성을 다 발휘한 것이 아니기 때문에 내면에서는 자신과 삶에 불만족하며 자신감과 자긍감이 부족하다. 그래서 문제가 생기면 책임을 지고 변화를 추구하기보다는 사회나 지도자, 타인에게 책임을 전가하는 경향이 있다.

많은 어른들이 사실은 H같이 '어른 아이'인 경우가 많다. '어른 아이'인 사람은 불행하다. 개인적인 면에서는 자신과 삶의 의미를 느끼지 못해 불행하고, 가족적인 면에서는 가족 구성원에게 주는 부정적인 영향으로 전 가족이 불행하게 될 가능성이 높다. 특히 자녀에게 주는 영향은 지대하다. '어른 아이'의 가족은 역기능적이며, 가족 구성원은 감정적으로 억압된 분노와 침체, 불안, 우울증 등을 경험하며, 심인성 질환에 걸리기 쉽다.

또 자녀들은 억압된 분노를 반항적인 행동으로 표현하기도 하며, 부모로부터 긍정적인 어른의 역할(아버지나 어머니의 역할)을 배우지 못해서 정상적인 발달 과업을 성취할 수 없다. 따라서 자라서 또 다른 '어른 아이'가 될 가능성이 높다.

혹 자기 자신 속에서 '어른 아이'로 인지되는 성향이 있는 사람은 사랑하는 자녀들을 위해 자신을 살펴보기를 권한다. 늦었다고 생각하는 때가 지금이니, 지금이라도 자신을 발견하고 성장과 변화를 추구하라고 말하고 싶다.

누가 왕따에 책임이 있는가?

누가 왕따에 책임이 있는가?

한국으로 가는 비행기 안에서 호기심이 가득한 소년을 만났다. 한 칸 건너 좌석에 앉아 있던 소년은 컴컴한 비행기 안에서 열심히 컴퓨터에 뭔가를 입력하고 있는 나에게 관심이 있는지 말을 걸어왔다. 혼자서 여행하고 돌아가는 길이라고 자신을 소개했던 소년은 내가 어떤 일을 하는 사람인지 본능으로 알았나 보다. 외아들로 자라는 고달픈(?) 삶과 어지러운 세상 속에서 바르게 살고 싶은 소년의 소박한 소망은 그의 구수한 사투리와 함께 절절히 내 가슴을 적셨다.

덕분에 나도 모르게 한국에 도착하기 전에 해야 한다고 굳게 결심했던 일들은 어느새 잊고 그의 세계로 빨려들어갔다. 그의 많은 이야기 중에서 특히 그가 고민하던 일은 학교에서 생기는 왕따 문제였다.

이 문제가 심각한데 왕따당하는 아이들을 돕고 싶어도 도울 수 없는 자신과 왕따당하는 것에 대한 두려움이었다.

미국에서도 왕따의 심각성은 많이 들어 알고 있었지만 그가 다니고 있는 초등학교의 심각성은 너무 처절했다. 그 학생의 반에 몸집이 작고 말을 더듬으며 학업 장애의 삼중고를 겪는 한 소년이 있는데, 친구들이 그를 창문에 몰아세우고 창밖으로 밀겠다고 협박해서 아이가 오줌을 싸는 지경이 되기도 했단다. 또 한때는 그 아이가 친구들 앞에서 발가벗김을 당했지만 교사는 물론 부모까지 모르고 있다고 했다. 모든 것이 놀랍기만 했다.

그래서 그 아이를 동정하는 너는 무엇을 했냐고 물었다. 그는 "아무것도 안했어요"라고 대답했다. 선생님께 이야기하면 문제가 더 커지고 그 아이는 뒤에서 더 고통당하게 되며 자신도 왕따가 될 수밖에 없기 때문이었단다. 아무것도 안했다는 아이의 말에 슬픔이 배어 있었다. 사투리가 구수하고 나를 다음 책 출간을 준비하고 있는 작가로 알고 있던 소년은 커서 상담가가 되고 싶다고 했다.

한국에 있는 동안 군에서 총기 난사 사건이 있었기에 그 소년의 이야기는 계속해서 내 가슴속에 남아 있다. 요즈음 왕따를 당한 아이들이 자살했다는 기사를 신문에서 읽었다. 왕따를 당하는 아이들은 자신들을 돕지 못하고 상처를 주는 세상을 향해 분노를 가지게 된다. 인격적인 모독을 받은 잠재된 분노는 결국 용암 같은 힘으로 언젠가는 폭발한다. 총기 난사 사건은 왕따랑 연결이 있는지 없는지 모르나 확실한 것은 조절한 수 없는 분노 때문이라는 것이다.

아이들은 어른들의 작품이다. 현재의 왕따라고 폭력을 행사하는 아이들과 총기를 난사한 군인의 행동과의 관계 양식은 자신들이 삶 속에서 경험하는 무력감과 공포감을 표현한다. 일반적으로 왕따 현상은 자신의 존재 속의 무력함과 부족함을 약한 존재에게 투사하면서 억제되고 부인된 그리고 대치된 분노가 적당한 구실을 찾아 폭발되는 현상이다.

몇 년 전 노벨상을 받은 윌리엄 골딩은 「파리 대왕」에서 어떻게 순수한 정신을 가진 인간이 다른 인간을 왕따시킴으로써 사탄이 될 수 있는지를 보여 줬다. 역사 이래로 왕따 문제는 단순히 학교에서만의 문제는 아니다. 어디든 인간이 모이는 곳이면 생겼던 문제로 학교, 직장, 사회, 나라 간에 있었다. 나라 간의 왕따 현상은 이라크나 북한의 경우이다. 왕따당하는 나라가 왜 테러를 하고 핵을 만들어야 하는지 심리적 측면에서 보면 이해할 수 있다.

왕따 현상은 구약 시대의 '희생 양' 제도(염소 한 마리에 족속의 죄를 씌워 광야로 보내는)에서도 살펴볼 수 있다. 인간 대신 염소를 택해 자신들의 약함을 분노로 표현했던 히브리인들은 참으로 현명했던 것 같다.

대상관계 심리치료사인 위니코트(Donald W. Winnicott)는 비행 소년들의 행동 속에서 희망을 보았다. 왕따가 비행 현상이라고 본다면 아이들이 어른들에게 요구하고 있는 것이 무엇인지 더욱 확연하다. 법적 제재로 왕따 현상이 없어지는 것은 아니다.

염소에게 죄를 씌워 광야로 보내는 의식을 할 수 없다면 이제는 아이들의 모형인 어른들의 삶과 관계의 양식이 변해야 한다. 아이들은 부모와의 관계를 통해 자신의 삶과 존재가 귀하다는 것을 가슴으로 느낄 때 남을 귀하게 대할 수 있다. 인격과 관계는 돈으로 살 수 있는 것이 아니다.

용서의 달을 꿈꾸며

용서의 달을 꿈꾸며

한국에서 5월은 가정의 달이다. 교회마다 가정 세미나를 하고 건강한 가정을 이루는 방법을 가르친다.

얼마 전 신문에서 가족 형태가 바뀌고 있다는 기사를 읽었다. 그 기사에 의하면, 자녀와 부부로 구성된 핵가족이 전체 가족 형태에서 52%라고 한다. 그동안 배우자 사별로 홀로 자식을 키우는 가족들이 많아진 것이 아니라면 이혼으로 가정의 형태가 그만큼 달라졌다는 것을 나타내는 것이다.

또 며칠 전 신문에 보복 이혼에 관한 기사가 실렸다. 외도한 남편이 미워서 이혼 시 가정의 돈줄기이던 사업체를 위자료로 요구하고 100만 달러가 넘는 사업체를 몇 개월 만에 일부러 망하게 했다고 한다. 그러면서 이런 종류의 보복 이혼이 늘어나고 있다고 한다. "벼룩이 미워서 초가 타는 것 모른다"는 속담이 생각났다.

가족 중시의 동방예의지국의 이미지를 조금이라도 지키기 위해 한국 가정법원은 새로운 아이디어를 생각해냈다. 즉 이혼하고자 하는 부부는 이혼을 결정하기 위해 3개월간의 상담 기간을 가져야 한다는 것이다. 즉 감정을 가라앉히고 또 실질적인 상황을 고려하여 감정적인 이혼율을 줄이고자 하는 의도이다.

가족 형태가 변해가고 있는 것이 현실이라고 해도 한국 문화 풍토에서 이혼은 아직도 부정적인 시각으로 보여진다. 그럼에도 불과하고 이혼이 많이 늘어난다는 것은 그만큼 이혼을 결심한 사람들에게는 부부로 사는 고통이 이혼 후에 오는 불이익과 고통보다 크다는 의미이다. 물론 개인적인 성격도 고려되어야 하지만 배우자뿐 아니라 자신과 아이들에게도 치명적일 수 있는 보복 이혼을 한다는 것은 결혼 생활 동안의 고통이 그만큼 컸다는 의미일 수 있다.

이혼을 부정적으로 보는 많은 사람들은 부모의 이혼으로 아이들에게 주는 심리적이고 경제적인 상처를 지적한다. 그러나 골이 깊어질 대로 깊어진 부부가 해결할 의도 없이 덮어 놓고 살 때 아이들에게 주는 부정적인 영향도 만만치 않다. 예로 아버지가 새벽에 문을 열고 들어오는 소리를 듣고 며칠 몇 달을 말하지 않고 남남처럼 사는 엄마 아빠를 보고, 아니면 언제 터질지 모르는 육탄전의 공포 속에서, 아이들이 겪는 고통과 부정적인 영향은 적지 않다.

미국 버지니아 주 랭글리에 있는 중앙정보국(CIA) 본부 현관에 요한복음 말씀이 걸려 있다. "진리를 알지니 진리가 너희를 자유케 하리라"(요 8:32). 흥미롭다. 이는 미국민의 안전과 생명과 이익을 지키기 위해서는 가장 실제적이며 바른 정보를 획득하고 바른 정보를 가질 때 중요한 결정을 내리는 데 실수가 덜하다는 메시지를 전하고자 하는 것이 아닌가 싶다.

미국의 안전을 지키는 원리나 가정을 지키는 원리나 크게 다르지는 않다. 부부, 친구, 부모와 자녀, 교인들, 즉 사람들이 모인 곳에서는 관계의 갈등이 있다. 각 개인이 가지고 있는 가치관의 차이, 표현방법의 차이, 역기능적 대화, 부적절한 갈등 해결 방법, 축적된 갈등을 비롯하여 상대방에 대한 정보가 부족한 경우에 갈등이 많다.

고통을 피하기 위한 방어기제 때문에 자신을 알고 상대방을 객관적으로 바르게 안다는 것이 쉽지 않다. 그런 측면에서 본다면 한국 가정법원이 추구하는 3개월은 상대방과 자신, 그리고 이혼이라는 결정이 삶에 영향을 줄 다양한 측면에 대한 객관적인 정보를 조금이라도 더 알게 하고 현실감각을 회복하게 하려는 의도이다. 어떻게 보면 관계의 파국에 자신이 기여한 것은 무엇인지, 또 상대방이 정말로 밉기만 한 존재인지 살펴보는 마지막 교육 기간이다.

무조건 이혼하지 말고 살라는 것은 잔인하다. 또 무조건 사랑하라는 것은 사람들에게 자신과 남을 속이라는 요구가 될 수 있다. 무조건적인 사랑은 힘들다. 법적이건 심리적이건 깨어진 관계는 당사자와 주위 사람들을 고통스럽게 한다.

결혼의 현주소와 상대방에 대한 객관적 지식을 얻는 것이 중요하다. 뿐만 아니라 고통 속에 있는 사람들, 보복 이혼을 생각하거나, 버림받는 이혼을 당하였거나, 부부, 자녀, 주위 사람들 모두에게 중요한 것이 있다. 그것은 용서이다. "실수는 사람이 하는 것이고, 용서는 하나님이 할 수 있는 것"이라는 말이 있다. 그만큼 용서하기가 쉽지 않다는 것이다.

이혼 말고도 어떤 종류든 배반과 상실을 겪은 사람들은 고통의 치유는 용서를 결심하는 데서 시작한다는 것을 기억해야 한다. 자기 자신을 위해 용서를 결심하고 상대방과 자신을 알게 될 때 정신없이 몰아치던 갈등에 대한 이해가 생긴다. 또 상대를 이해하면서 점차로 마음에 맺힌 응어리가 풀릴 수 있다. 그렇기에 더욱 용서의 기술을 배우는 것이 필요하다.

창밖의 햇살이 밝다. 5월이 가정의 달이니, 6월을 용서의 달로 정하면 어떨까 생각해 본다.

우울한 달 12월

우울한 달 12월

12월은 유대교의 하누카, 이슬람교의 라마단, 그리고 기독교의 성탄절이 들어 있다. 소망과 빛을 상징하는 달인 12월은 힘들고 어두운 삶 속에서도 빛과 소망이 있다는 것을 일러 주는 달이다. 하지만 모든 삶의 단면이 그러하듯 어떤 사람들에게는 삶의 어두운 그림자와 깊은 외로움을 더하는 달이 될 수 있다.

o양은 지난 6월 집안일로 홍콩으로 입국했다. 그런 그녀가 지난주 전화를 걸어 급히 만나서 할 이야기가 있다고 했다. 상담 시간에 맞추어 온 그녀는 들어오면서 웃고 있었다. 하지만 웃고 있는 모습 속에 감추어진 불안도 감지할 수 있었다.

홍콩에서 돌아온 후 그녀는 추수감사절을 전후로 자신이 예측하지 못했던 이상한 감정이 생기기 시작하여 가끔은 살고 싶지 않을 정도로 우울하다고 했다. 아침에 일어나기도 싫고, 우울한 생각이 들면 회사에서도 계속 눈물만 나와 일을 할 수가 없다고 했다.

모든 사람들이 삶의 빛, 소망을 찾는 12월, 그러나 o양은 세상의 분주하고 즐거운 모습과 달리 삶에 대한 두려움과 떨리는 외로움의 어두운 공간 속에 살고 있었다. 분석 속에서 나타난 것은 무의식 속에 애써 덮어두고 싶었던 인간으로서의 유한성과 지난 세월 동안 다루지 않았던 상실의 아픔이 축적되어 우울증과 불안 증세로 나타난 것이었다.

자신 속에 있는 아픔과 어두움과 대조되는 12월은 그녀에게 빛과 소망, 그리고 삶을 의미하는 달이 아니라, 잔인한 달이었다. 그녀에게 '상대적 빈곤'이라는 말은 경제적인 것만을 지칭하는 것이 아니라 감정적인 면도 포함하고 있었다. 매스미디어와 주위 사람들이 계속 말하는 '크리스마스'라는 단어는 그녀에게 식구, 기쁨, 함께 나누는 삶의 메시지를 의미했다. 동시에 그것은 자신이 혼자라는 사실과 앞날이 분명하지 않다는 두려움을 더욱 깊게 만들었다.

많은 사람들이 o양과 같이 추수감사절을 전후로 우울증이 앓게 된다. 특히 이혼이나 사별로 혼자인 사람들, 앞날이 불분명하거나 목표가 상실된 사람들, 이민으로 급작스런 사회적 계층의 변화를 겪고 있는 사람들, 사춘기나 사추기를 앓고 있는 사람들, 자신의 정체성을 상실한 사람들은 우울증에 걸리기 쉽다.

겨울에 나타나는 계절성 우울증

겨울에는 많은 사람들이 우울증에 시달린다. 적지 않은 경우가 계절성 우울증(SDA, Seasonal Affective Disorder)과 연결되어 있을 수 있다. SAD의 증상은 보통 겨울이 되면 많이 먹거나 평상시보다 잠을 더 자는 가벼운 증상에서부터, 심한 경우는 울지 않고는 하루를 보낼 수 없는 우울증, 기분이 하늘을 날 것 같다가 툭 떨어져 살고 싶지 않은 바이폴라 우울증까지 다양하며, 일상생활에 끼치는 부정적 영향이 심각하다.

통계에 의하면 미국인 20명당 한 명꼴로 SAD를 앓고 있고 환자의 75%가 여자라고 한다. 만약 이 증상을 가지고 있다고 의심이 들면 제일 먼저 '빛 치료'(light therapy)를 받으라고 권하고 싶다. 이는 평상시 집안의 조명보다 10배 내지 20배 더 강한 램프의 빛을 몇 미터 떨어진 곳에서 약 30분 정도 빛을 쪼이는 것으로, SDA를 가진 사람들의 치료에 상당히 효과적이다. 특히 아침에 깨어날 때에는 '빛 치료'가 효과 있다. '빛 치료'를 해도 우울증이 계속된다면 그때는 다른 면에서 원인을 찾아야 하기 때문에 전문적인 상담 치료를 권하고 싶다. 대부분의 경우는 무의식 속에 감추어 있던 상실의 아픔 때문이기 때문이다.

이태백 사회와 불안증

이태백 사회와 불안증

거의 매일 밤 K는 잠 못 이루는 밤을 지내고 있다. 밤만 되면 목이 조이는 것 같고, 가슴이 답답하여 질식할 것 같으며, 현기증이 난다. 또 가슴이 너무 두근거려 죽는 것이 아닌가 하는 두려움에 잠을 잘 수 없게 된 지 오래되었다. 심장에 이상이 있다고 생각하고 검사를 받았으나 결과는 정상이었다. K의 증상은 심장에 기인한 것이 아니라 심각한 불안 장애의 한 형태인 공황 장애 때문에 생긴 것이다.

요즈음 전쟁, 탄핵, 세계 도처에서 터지는 테러, 경제적이고 사회적인 불안과 어려움으로 많은 사람들이 불안증에 시달리고 있다. 일반적으로 사람들이 겪는 불안이라는 것은 공포나 두려움과는 구별된다.

두려움은 구체적인 대상이 있을 때 느낀다. 즉 해를 가할 수 있는 외부적인 대상과 상황을 인지할 때 생기며, 불안은 자신도 무엇이 두려운지 잘 모르면서 생기는 느낌이다. 예를 들면 자신의 행동이나 감정을 잘 조정하지 못해 크게 실수할 것 같은 느낌 때문에 불안할 수 있다. 혹 뭔지 모르지만 나쁜 일이 생길 것 같다는 느낌이 들거나, 어떤 사람들은 자신이 이러다 미치는 것이 아닌가 하는 생각에 불안하기도 하다. 불안한 사람은 행복한 삶을 살 수 없다.

요즈음 이태백 실업자가 한국에 넘치고 있다고 들었다. 또 나이가 많은 사람들이 갈 곳이 없어지고 있다고 한다. 사회적으로 많은 사람들이 만성적인 스트레스를 경험하고 있다. 생판 낯선 환경, 말이 통하지 않아 속이 터지는 상황을 자주 겪는 사람들, 의지할 곳이나 친구가 없을 때도 만성 스트레스를 받을 수 있다. 또 긴박한 일들로 하루하루가 속이 타는 사람들, 사랑하고 의지해야 할 남편과 아내가 남보다 못하다는 생각에 눈물 흘리며 때가 오면 헤어지겠다고 마음먹는 사람들도 예외는 아니다. 자녀 문제 아니면 몇 년째 집안에 중병이 든 환자가 있을 때, 경제적으로 너무 힘든 상황일 때, 식구들은 만성적인 스트레스로 고통받고 잠재적으로 불안증을 키우고 있는 것이다.

경쟁적이고 성취 위주의 개인주의 사회는 사회가 불안하니까 덩달아 개인도 불안할 수밖에 없다. 불안 공포증에 걸린 줄도 모르고 심장마비인 줄 알고 고민하는 사람들, 님 그리워 잠 못 이루는 것이 아닌 사람들은 자기가 지닌 성향을 살펴야 된다. 또 삶의 스트레스 지수가 높다고 평가되면 되도록 스트레스를 피하고, 자기 삶의 의미와 보람을 찾는 방향으로 삶을 재조정해야 한다.

불안증의 증세

불안 증세는 개인에 따라 다양하다. 신체적 증상으로는 땀을 흘리며, 전율, 숨 가쁨, 질식감, 근육 긴장, 수면 장애, 흉부의 갑갑함이나 통증, 토할 것 같은 느낌이 있다. 심리적 증상은 쉽게 피로하며, 집중할 수 없거나, 무감각하거나, 심한 경우는 몸에서 이탈된 느낌, 자제력 상실, 미치는 것이 아닌가 하는 두려움, 죽음에 대한 두려움이다. 행동적 측면에서는 상황에 적절하게 대응할 수 없게 되며, 자신의 감정을 표현하거나 꼭 해야 하는 일을 할 수 없어 일상적인 일을 수행하는 것조차 힘들다.

그러나 불안증은 공포와 다르다. 공포는 불안을 야기하는 특정 상황이나 대상을 피할 때 생긴다.

불안증의 원인은 다양하나 크게 생물학적인 원인과 환경적인 원인으로 나눌 수 있다. 성격이 완벽하거나 예민한 경우, 불안정했던 어린 시절, 현재 불만족한 결혼이나 직장 생활, 지병 등으로 심한 마음고생 및 몸 고생, 오랜 세월 축적된 스트레스와 만성적인 문제가 쌓여서 불안증의 씨앗이 된다.

그러나 이러한 문제들을 가지고 있다 해서 다 불안증이나 공황증에 걸린 것은 아니다. 대부분의 경우 충격적인 삶의 위기 경험 후에 심한 불안증이나 공황 상태가 처음 발생한다. 충격적인 위기란 중요하고 의미 있는 사람의 죽음, 이별, 이혼, 실직, 배반 등 개인적인 상실과 관련되기도 하고, 이민, 이직 등 삶의 변화와 관련 있다. 아니면 자극제나 마약을 사용한 후에 생기기도 한다.

한번 공황 상태나 불안증을 경험하고도 적절한 치료를 받지 않는 경우 재발하게 될 가능성이 높다. 또 불안증이나 공포증이 있는데 계속적으로 두려움을 주는 대상이나 상황을 피하거나, 높은 강도의 스트레스가 지배하는 삶의 방식을 유지하면 불안 공포증이 재발하게 된다.

이혼도 잘해야 한다

이혼도 잘해야 한다

대부분 결혼하는 사람들은 결혼 전에 눈에 콩깍지가 있다. 특히 상대방만 옆에 있으면 앞으로 어떤 어려운 일도 문제없을 것 같고, 수시로 떠오르는 알콩달콩한 삶의 기대로 가슴 벅차 한다. 결혼하는 경우에는 콩깍지 안경의 두께가 더욱 두껍다.

콩깍지 안경을 쓰고 결혼한 사람들은 성격과 시간 차이는 있겠지만 결혼 생활을 하면서 뭔가 잘못된 것을 차츰 인식하게 된다. 이들은 조금씩 행복하지 않다는 것을 느끼고 기회가 생기면 헤어지는 것을 심각하게 고려한다. 어떤 사람들은 상대를 위해서 이혼한다고 말하기도 하지만 대부분은 자신이 더 이상 불행하고 싶지 않아서이거나 행복하고 싶어서이다.

결혼을 결정하기도 쉽지 않지만 이혼을 결정하는 것은 더욱 어렵다. 특히 재산이나 아이들이 있을 때 더욱 힘들다. 며칠 전 양육비 10만 원 때문에 법정에서 싸우는 부부들도 있다는 기사가 신문에 났다. 또 이혼 과정 중에서 '같이 망하자'는 식으로 자신을 버린 상대방을 매장하려는 사람들도 눈에 띈다. 돈(재판비)이 얼마가 들어도 상대방의 삶을 풍비박산 내겠다고 눈에 심지를 켜고 숨을 몰아쉬던 사람도 보았다.

얼마 전 부모의 이혼 후 할머니 손에서 자라던 아이가 아버지가 재혼하면서 8세의 나이에 미국 유학까지 왔다. "너 미국에 왔다고 생각하니?" 하는 질문에, 어린 소년은 딴청을 피우다가 슬며시 대답했다. "아버지 말을 안 들어서요."

소년이 이야기하는 도중에 손을 꼭 쥐고 있어서 손을 한번 펴보라고 했다. 손바닥에는 조그만 티눈이 있었다. 많이 아파 보였다.

"아프겠네, 어떻게 생겼니?"

"몰라요. 아마 내가 미워서 생긴 걸 거예요."

너무나 태연한 어린 소년의 대답에는 세상과 자신에 대한 슬픔이 묻어 있었다.

이혼할 때, 특히 부부가 서로를 증오하며 결말이 날 때 가장 많은 피해를 입는 사람은 아이들이다. 이혼 전 부부의 별거 기간 동안 아이들은 같이 살고 있지 않는 아빠나 엄마에 대해 부정적인 말이나 무언의 증오를 느낄 때 벼랑 끝에 서 있는 것 같은 스트레스를 받게 된다. 게다가 부모가 이혼과 관련된 법정 싸움을 벌이면 아이들의 불안 심리는 극도에 이른다. 많은 경우 우울증이나 불안증에 시달리고, 당연히 학교생활에 적응하기 어려워진다. 이럴 때 반항이라는 출구를 통해 나름대로 표현하기도 하며, 불안한 심리가 신체적 증상으로 나타나기도 한다. 심인성 증상으로는 불면증, 구토, 두통, 복통 등이 있다. 또 자아상을 형성하는 중요한 시기에서는 자신을 증오하며 탈선하기도 한다.

증오로 상대방이나 자신을 공격하는 상황이 지속되면 한때 사랑의 열매라고 믿고 세상에 태어난 소중한 아이들은 다 자라기도 전에 삶은 비참한 것이고 이 세상에 사랑이라는 것은 없다는 신념을 가지게 된다. 어쩔 수 없이 이혼을 하더라도 자녀들의 상처를 줄일 수 있도록 최선을 다해야 한다.

부부가 헤어지더라도 아이들이 더욱 건강하게 성장하기 위해서는 양쪽 부모가 다 필요하다. 이혼 후에도 자랑스럽게 바라볼 수 있는 아빠와 무엇이든지 받아줄 수 있는 넉넉한 엄마가 되어 주어야 한다. 아버지를 통해 삶의 목표를 정진해 갈 수 있는 능력을 키우고, 어머니를 통해 친밀한 관계를 키워나갈 수 있기 때문이다.

이혼을 꼭 해야겠다고 결심했다면 이혼도 잘하라고 말하고 싶다. 이혼하면서 끓어오르는 증오와 분노를 느끼거나 자녀들이 부모의 이혼 과정과 후에 달라지는 점이 있다면 문제점을 되짚어봐야 한다.

먼저 자신의 증오와 분노를 다스리는 것이 중요하다. 또 자신의 삶에서 무엇이 중요한지를 알고 이를 어떻게 성취할 수 있을지 생각해 보아야 한다. 특히 너 죽고 나 살자가 아닌, '너도 살고 나도 살자'라는 태도만이 아이들의 상처를 줄일 수 있다.

자신 안에 있는 공격성

자신 안에 있는 공격성

지난달 중순 가을의 단풍이 빗속에서도 빛나던 레이크조지를 바라보면서 열린, 전 미국 임상 상담가 2002년도 컨퍼런스의 주제는 겸손이 정신 건강, 인간관계, 영성에 어떻게 연결되어 있는가를 분석하는 데 초점을 맞추었다.

이번 컨퍼런스에서 겸손이라는 이슈를 다루는 과정에서 거론되었던 내용 가운데 하나는 미국과 이라크의 전쟁이었다. 테러와의 전쟁이라는 명분으로 지구상에서 가장 가난한 나라 중 하나인 아프가니스탄을 초토화시켰던 미 정부는 나라 안에 있는 문제를 외부로 돌렸다. 이런 심리적인 현상은 전이, 투사, 대치를 거쳐 생겼다는 지적과 이라크나 북한을 악의 축이라고 부르면서 사람들의 의식을 단순화시키고, 나아가 자신들의 공격성을 정당화했다고 지적되었다.

프로이트는, 직면하기 고통스러운 인간의 본능적 충동은 억압되어 사회와 문화에서 허용하는 방식을 통해 변형되어 배출된다고 했다. 그런 측면에서 국가 간의 전쟁은 인간 무의식에 자리 잡은 공격성의 합리적 배출구 역할을 한다.

인간 본성의 하나인 공격성은 숨어 있다가 적절한 조건(?) 속에서 밖으로 분출된다. 공격한다는 의미는 전쟁, 살인, 폭력만을 의미하는 것이 아니라 다른 사람이나 그룹에 해와 상처를 줌으로써 인간의 존엄성을 망가뜨리는 모든 형태(신체적 공격, 욕설, 말 없는 냉대나 무시 등)를 의미한다.

공격받을 때 살아남는 법

얼마 전 한인 유학생 부부가 운전면허를 따는 과정에서 담당자들이 영어가 자유롭지 않은 점을 들어 대중 앞에서 심하게 굴욕감을 줘, 결국은 부부가 울고 말았다는 이야기를 들었다. 담당자의 억압된 공격성이 언어 문제라는 조건이 생기면서 유학생 부부를 공격한 것이다.

인간은 운전하면서, 길을 걷다가, 물건을 사는 상점(예로 워싱턴 D.C.의 홈디포) 등 모든 곳에서 공격 상황에 노출될 수 있다. 심지어 가장 안전해야 할 자신이 속해 있는 공동체인 가정, 학교, 교회, 이웃, 직장에서도 방어할 수 없는 공격에 노출되는 것이 현실이다.

공격적 행동이 왜, 어떻게 나타나는가에는 여러 의견이 있다. 공격성은 좌절, 수치심과 동전의 양면 같은 관계가 있다. 따라서 언어나 눈짓으로, 자신의 권위나 자원으로, 신체적 가학 행위로 남의 존엄성을 해치는 사람들은 대부분 심리적으로 많은 좌절과 수치심이 있는 사람들이라고 보면 틀림없다.

생존에 위협을 느낄 수 있는 공격적 상황에 노출되는 사람들은 무력감을 경험한다. 심한 경우는 타인, 세상, 삶에 대한 관점이 불신과 불안정으로 변형된다. 또 되풀이되는 공격성에 노출된 사람들은 삶의 희망을 상실하고 무감각하게 되고, 자신의 정체성과 존엄성을 상실하게 되며, 나아가 기회만 있으면 약자들을 공격하게 된다. 많은 좌절과 수치심을 겪은 사람들이 모여 사는 사회에는 저변에 깔려 있는 공격성이 있고, 이는 보통 힘이 없는 약자들에게 표현된다. 이런 측면에서 많은 이민자들이 공격의 대상이 될 수밖에 없다.

코넬 웨스트(Cornel West) 박사는 유색인에 대한 편견은 공격의 극단적 표현이라고 보았다. 이는 무력감과 더불어 존재의 추함(ugliness)이 내재화됨으로써 존재의 존엄성의 상실을 유도하기 때문이다.

자신의 존엄성을 부당하게 공격당하는 경험이 많은 이민자, 특히 영어를 못해 가슴 아팠던 사람들에게 자신의 존엄성과 정체성을 지키라고 말하고 싶다. 이는 정신 건강과 건강한 관계 형성에 무척 중요하다. 무력감이 심화되기 전에 먼저 공격하는 사람들이 마음에 병든 사람들이라는 것을 인식하고 기억해야 한다. 동시에 공격을 내재화하지 않기 위해서는 자신이 천사보다 조금 못한 귀한 존재라는 사실을 기억하고, 아픔을 나눌 수 있는 사람들과 함께하며, 가능하면 역으로 자신이 겪었던 공격을 사회적 차원에서 방지하는 데 마음과 힘과 자원을 쓰라고 권한다.

자기 비하와 죄책감

자기 비하와 죄책감

약속 시간보다도 일찍 와서 기다리고 있던 그녀는 혼란스러운 모습으로 상담실에 들어왔다. 몇 주 전 그녀는 경제적인 이유로 상담을 몇 주 쉬고 싶다고 전화 연락을 해왔다. 그런 그녀가 지난주 금요일에 전화를 걸어와 다시 상담을 하고 싶다고 했다.

S는 나와 눈을 마주치는 것을 피하면서 그동안에 자신이 경험한 것을 설명했다. 자신이 신중히 검토하고 결정한 일이 잘못된 데 대한 죄책감과 못난 자신의 모습에 지나칠 정도의 혐오감으로 고통을 겪고 있었다. 그녀는 자살도 생각해 보았다고 했다. 상담을 쉬기 두 주 전에 그녀는 임신 중절을 했다.

30대 후반인 그녀는 1년 전에 사진 작가인 H를 만났다. 결혼을 갈망하고 있던 S는 H의 개방적이고 자상한 면에 반했다. 그러나 H는 주의력 결핍 과다 행동 장애(ADHD)로 일상적인 생활을 하는 데 여러 문제를 가지고 있었다. 그의 장애를 알고 있었지만 그가 너무 좋았던 S는 지난 한 해 동안 H와의 관계와 자신의 경력을 고양하는 데 에너지를 집중했다. 하지만 H와 친밀한 관계를 맺는다는 것이 쉬운 일은 아니었다.

임신한 사실을 알게 된 후 H와 S는 임신에 대한 두 감정, 즉 한편으로는 기쁘고 한편으로는 괴로운 감정으로 혼란을 경험하면서 관계가 점점 악화되어만 갔다. S를 사랑하지만 책임지는 것이 두려웠던 H에게 S의 임신 소식은 반가운 것만은 아니었다. 자신의 수태 능력을 의심하고 있었던 S에게 임신은 기쁜 소식이었다. 하지만 입덧으로 인한 육체적 고통은 업무를 거의 불가능하게 만들었다. 얼마 안 되어 S는 경제적인 타격을 입었고 경력에도 부정적인 그림자를 드리웠다.

결국 그녀는 임신 중절을 했다. 자신의 경력을 위해 임신 중절을 해야 했다면서 자신이 얼마나 담담한지 자세히 설명했다. 그러나 그녀는 자신이 원해서 임신 중절을 결정한 것이 아니었다. H는 앞으로 S가 아이를 낳는다고 해도 자신이 S와 아이 곁에 있어 줄 자신이 없다고 솔직히 말했다.

담담했다는 표현과 달리, 그녀는 걷잡을 수 없는 죄책감과 자신에 대한 혐오감에 시달렸다. 왜 그런 현상이 나타났는지 분석해 가는 과정에서 나타난 것은 세 가지였다. 뱃속의 아이를 상실한 것 때문에 생긴 슬픔과 그렇게 결정할 수밖에 없었던 자신과 H에 대한 분노, 그리고 분노가 자신을 향한 자기 파괴적 경향과 내재화된 죄책감이었다.

그녀는 임신한 후 인생에서 처음으로 한 인간과 떨어질 수 없는 일체된 감정을 느꼈다. 그래서 아무리 현실적으로 임신 중절이 최선이었다 해도 그것은 너무나 큰 상실이었다. 또 의존할 상대가 필요한 S에게 혼자서 아이를 낳아 키운다는 것은 도저히 상상할 수 없었기에 임신 중절을 결심한 S는 심각한 무력감과 분노에 기인한 심리적 고통을 겪을 수밖에 없었다.

H의 장애를 이해했기에 그에게 분노를 표현할 수 없었던 그녀는 자신에게 돌렸다. 즉 분노는 자신을 비하하는 혐오감과 학대로 자신을 처벌하는 모양으로 나타났다. 또한 경제적인 이유로 상담을 기피한 것도 자신의 못난 모습을 처벌하기 위한 자기 파괴적 행동이었다. 즉 상담 분석을 통해 경험하게 될 고통의 경감을 받을 자격이 없다는 무의식적 처벌이었다.

이는 그녀의 오래된 죄책감과 연결되어 있었다. 어려서 S가 잘못했을 때, 잘못을 감싸주기보다는 비웃고 벌 주던 아버지의 고통스러운 경험에서 기인한 것이었다. 이해와 사랑으로 아픔을 감싸주기보다는 벌을 주던 아버지는 아직도 S의 무의식 속에서 상실의 아픔을 감싸기보다는 죄책감을 유발시키고 자신을 혐오하고 비하하며 처벌하는 모습으로 나타나고 있었다.

자살과 오디세이

자살과 오디세이

50대의 한 여인이 열심히 살다가 갑자기 삶을 정리했다는 소식을 들었다. 그녀의 죽음은 많은 사람들을 경악시켰고 또 아쉬움을 남겼다. “어쩌다?” 하는 말조차 조심스러운 죽음이었다.

그녀는 살면서 적지 않은 봉사를 했기 때문에 그녀를 알던 많은 사람들에게 더욱 큰 아픔으로 다가왔다. 애통해 하면서 소식을 전한 사람은, 그녀가 세상을 등지던 날 친구들에게 전화를 걸어 삶을 정리하는 인사까지 했는데 아무도 이를 심각하게 생각하지 않았기 때문에 더욱 마음이 아프다고 하였다.

자살에는 여러 방법이 있다. 손목 절단, 총기 사용, 약물 복용, 투신 자살 등 직접적인 방법이 있는가 하면, 중독성 약물의 습관적 복용, 해로운 담배를 계속 피우거나 먹으면 안 되는 음식을 계속 먹는 것 등 간접적인 방법도 있다.

직접적인 방법으로 자살하는 사람들은 극도의 흥분 상태에서 하거나, 아니면 오랜 우울증을 앓고 있는 경우가 많고, 내과 질환 특히 호흡 곤란이 있는 경우는 자살에 성공할 확률이 아주 높다. 자살하는 사람들은 더 이상 견딜 수 없다고 느끼는 심리적 괴로움 때문에 자살을 택한다. 보통 외로움, 즉 고립된 상태이거나 오해로 인해 괴로운 경우, 지금의 괴로운 상태가 더 나아질 거라는 희망이 없다고 느낄 때, 도움을 청할 곳이 없다고 느낄 때, 주위 사람들이 은근히 자기가 죽기를 바란다고 느끼거나, 자신의 삶에 고통을 주던 사람들을 처벌하기 위해 자살을 한다.

극도의 흥분 상태에서 자살하는 경우든, 누적된 절망감과 만성적 우울증에서 비롯된 자살이든, 자살을 의도하는 사람은 보통 자신들의 의사를 주위 사람들에게 밝힘으로써 일종의 도움을 요청한다. 불행하게도 그들의 태도가 너무나 자연스러워 주위 사람들은 그것을 심각하게 받아들이기보다는 하소연쯤으로 간주하는 경우가 많다. 따라서 주변 사람들 중에는 적절한 도움을 주지 못해 불행을 막지 못했다는 죄책감, 사람을 떠나 보낸 괴로움을 오랜 기간 겪는다.

미국에서는 20분마다 사람들이 자살한다. 많은 사람들이 우울증에 걸린 사람들이 자살을 시도한다고 생각하나, 실제로는 어느 정도 우울증에서 벗어날 때, 즉 더 이상의 고통이 싫어 자살할 용기도 있고 자살 계획을 세울 정도의 에너지가 있는 상태에서 시도한다.

내가 십대일 때 즐겨 읽던 이야기 중 하나는 「오디세이」이다. 그의 무용담 중에서 세이렌의 이야기는 흥미롭다. 배가 세이렌이 살고 있는 섬을 지날 때 세이렌의 아름다운 자태와 노래는 선원들을 홀리고, 자신도 모르게 바다에 투신하여 죽은 사람이 한두 명이 아니었다. 영웅인 오디세우스도 그 섬을 지나 항해를 해야 하기에 그는 선원들에게 귀를 왁스로 막고 자신을 돛대에 묶으라고 명령했다. 또 섬을 벗어나 노랫소리가 들리지 않을 때까지는 어떤 경우에도, 심지어 자신의 명령이라도 듣지 말라고 당부했다. 영웅인 그 역시 어쩔 수 없었던지 바다 요정의 노래를 들으면서 발광하며 끈을 풀라고 명령했지만 부하들은 그의 말을 듣지 않고 섬을 지나 항해함으로써 모두가 무사하게 되었다.

이 이야기를 읽는 사람 입장에서는 요정의 미모와 혼을 흔드는 노래의 묘사는 요정들의 노래가 어떤 것일까 궁금증을 자아내게 한다. 후에 이 신화가 자살의 역동성을 묘사한다는 것을 알았다. 즉 자살하는 사람들은 내부에서 들려오는 소리에 홀려, 현실감을 상실하고 무력감을 느끼며 홀린 듯이 자살함으로써 자신의 삶의 항해를 끝맺지 못한다.

자살 충동이 생겼을 때 빠져드는 비합리적이고 파괴적인 내부의 소리를 듣지 않기 위해서는 주위의 도움이 절대적으로 필요하다.

제4부 참다운 웰빙

천국과 지옥

천국과 지옥

며칠 전 도학을 공부하는 사람과 삶에 관한 이야기를 나누었다. 그분은 임종 시 삶에 미련이 있거나 이루지 못한 숙원, 남아 있는 가족들에 대한 근심, 걱정이 많은 사람들의 혼은 천국에 가지 못하고 어둠의 세계인 지옥으로 간다고 했다. 도학에 대해 자세히는 모르나, 해결되지 못한 삶의 욕구가 죽음 후에까지 영향을 미친다는 것을 말하는 것이 아닌가 생각하였다.

죽어서 지옥 가지 않더라도 이루지 못한 심리적 욕구는 살아 있는 동안 삶의 질에도 심각한 영향을 미친다. 발달 단계에서 성취하지 못했던 욕구와 필요는 후에 인격 성장과 인간관계에 지대한 영향을 미치고 심리적으로 천국과 지옥을 오가게 한다.

무대에 서는 사람답게 우아하게 앉아 있던 S는 자신의 우울함을 화장으로 가리고 있었다. 많이 힘든 얼굴이었다. 그녀에게 지난주는 5일은 천국이었고, 2일은 지옥 같은 날이었다고 했다.

그녀의 지옥은 별일 아닌 일로 시작되었다. 남자친구와 즐거운 시간을 보내던 중 자신이 얼마나 아름다운지 물었다. 그는 그녀를 사랑스러운 눈으로 쳐다보면서 아름답다고 대답하였다. 그녀는 다시 자신이 미국의 모델과 같은 수준인지 물었다. 그는 그 정도는 아니라고 하였다. 그 순간 그녀의 자아는 여지없이 허물어졌다. 분노한 그녀는 어느 부분이 다른 미녀들의 수준에 못 미치는지 따져 물었다. 결국 그들의 싸움은 헤어지는 수밖에 없다는 단계까지 갔다.

분석하는 과정 중에서 나타난 것은 그녀의 충족되지 못한 나르시시즘적 열망과 욕구였다. 그녀는 고만고만한 딸만 셋인 집안의 둘째로, 유아기를 거치면서 경험해야 하는 절대적 욕구인 '유일한 존재로서의 아름다움과 사랑받기에 합당한 존재로서의 중요성'을 체험할 기회 없이 자랐다. 아빠의 바람기로 인해 상처가 깊어질 대로 깊어져 있던 엄마는 감정적으로 그녀의 존재를 인정하고 관심을 표시할 여유가 없었다. 또 남의 욕구나 필요에 무관심한 자애적 성향의 아버지 역시 그녀의 욕구를 채워 줄 수 없었다.

자라면서 그녀를 비롯한 딸들은 아버지의 시선과 관심을 끌기 위해 치열한 경쟁을 하였다. 그러는 가운데 서로를 비웃고 상처 주기가 일쑤였다. 전문직에 종사하였던 아버지는 아이들의 안녕이나 행복보다는 자신이 남에게 어떻게 보여질까에 신경을 더 많이 썼다.

또 남자친구가 모델들같이 아름답지 않다고 하는데 왜 예민하게 반응했는지에 대한 심리적 반응을 분석하는 과정에서, 어릴 적 그녀의 몸매가 너무 뚱뚱하고 커서 무대에서 성공하기는 힘들다고 조롱하던 아버지의 비판이 드러났다. 어린 시절 아버지에게서 인정받지 못한 아름다운 존재로서의 인정과 관심의 욕구를 현재의 남자친구를 통해 채우고 싶었기에 무의식적으로 지나친 반응을 하였다.

'자기심리학'의 대가인 하인즈 코헛은 유아기에 자신을 열망의 눈으로 바라봐 주는 존재에 대한 필요와 욕구는 인간 성장에 절대적으로 필요하다고 했다. 그래야 자라서 자신의 존재를 귀히 여기게 되고 삶의 목표를 추구할 수 있는 긍정적 나르시시즘적 성향을 발달시킨다고 했다.

그런 욕구가 일차 양육자(보통 어머니)에 의해 채워지지 않을 때 자라면서 아버지, 선생님, 형제나 친구에게서라도 받아야 한다. 그런 기회 없이 성장한 사람은 주변 사람들, 남편, 아내, 직장 동료들, 각종 단체의 구성원, 심지어는 자식들에게서라도 받으려고 한다. 또 무의식적으로 부, 권력, 지식 등 모든 것을 동원하여 사람들의 시선과 관심을 받으려는 부정적인 나르시시즘 성향을 지니게 되며, 자신의 뜻대로 되지 않을 경우 지옥에 살고 있는 것과 같은 심리적 증상을 지닌다.

젊은 것 하나만으로도 예쁜데

젊은 것 하나만으로도 예쁜데

계절 중 어느 계절이 가장 좋은가 하고 물어보면 사람마다 다르게 대답한다. 그런데 나이가 들면서 많은 사람들이 봄을 좋아한다. 그러한 경향의 심리적 측면은 삭아지는 생명에 대한 그리움 때문이다. 봄에는 떨며 지내던 겨울이 어느새 잊혀진다. 또 겨울에는 상상할 수도 없던 색색의 꽃들이 서로 시샘하듯이 자태를 뽐내며 생명이 움트는 계절이다.

인생에서 봄을 찾는다면 10대에서 30대 초반이 아닐까 싶다. 내가 20대 초반일 때 나이든 어른들께서 하시던 이야기 중에 아직도 생각나는 것은 "아휴, 젊은 것 하나만으로도 예쁜데 화장은 왜 해?"이다. 젊은 것이 너무나 당연하였고 또 친구들 속에서 조금이라도 더

예쁘게 보이고 싶었던 시절이었기에 어른들께서 하시던 이야기가 너무나 이상하게 들렸다.

시대가 바뀌어 이제는 남자들도 외모에 신경을 쓰는 시대이다. 쌍꺼풀 수술을 한 남자들도 심심찮게 볼 수 있다. 외모가 앞으로의 삶의 질을 좌우한다고 믿기에 몸에서 가장 예민한 부분인 눈 주위에 칼을 대기도 하며 더 나은 체형을 위해 체지방을 제거하기도 한다. 또 돈을 내고 일부러 뜨거운 불가마를 찾아 땀을 내기도 한다.

며칠 전 만난 십대는 머리 앞부분을 다 밀었다. 왜 그랬냐는 질문에 이마가 길어야 전체 얼굴이 삼등분되어 미인형이 되기 때문에 면도질을 할 수밖에 없었다고 했다. 머리를 민 십대 소녀의 걱정거리는 크게 두 가지였다. 하나는 학교 성적이고, 다른 하나는 여름이 되기 전에 체중을 줄이는 것이었다. 그녀는 먹는 모든 음식의 칼로리를 체크하고, 지극히 적은 양, '새 모이'라고 할 수 있는 양을 먹었다. 또 잔소리하는 사람들을 피해 혼자 먹었다. 미인이 되고 싶은 욕망에 머리털을 밀어내는 것도 선택이다. 그러나 누가 봐도 날씬하고 우등생인 그녀의 다이어트는 문제가 있었다.

여름에 해수욕장에 가기 전에 다이어트를 해서 날씬한 몸매를 가꾸고 싶어하는 사람은 그녀만은 아니다. 건강을 위해 다이어트를 꼭 해야 하는 사람들이 있고, 적당한 다이어트는 외모를 돋보이게 한다. 문제는 섭식 장애로 이어지는 다이어트다. 섭식 장애에는 거식증과 대식증이 있는데, 보통 자신의 몸 이미지에 대해 부정적인 사람들이 다이어트하면서 섭식 장애에 걸린다. 그들은 실제 자신의 몸보다 뚱뚱하게 평가하기 때문에 몸 사이즈를 줄여야 한다는 강박감에 건강을 해치는 다이어트를 한다.

섭식 장애에 걸리는 사람들의 성격은 부끄러움을 많이 타고, 깨끗한 것을 좋아하며, 조용하고, 거절에 예민한 면이 있다. 또 죄의식이 많고, 자신감이 부족하며, 강박 집착적이며, 근심과 걱정이 많으며, 지나치게 높은 이상을 추구하는 면이 있다.

섭식 장애가 있으면 다음과 같은 증상이 있다. 일일이 먹는 음식의 칼로리를 체크한다. 또 살을 빼기 위해 지칠 때까지 운동하며, 평균 체중보다 약 15%가 낮은 체중에 월경이 3개월 이상 없는 경우 등이다.

섭식 장애로 겪는 정서적 측면은 우울증, 불안증, 강박증 등이다. 또 불면 증세가 나타나기도 하며, 기억력과 집중력이 떨어진다. 육체적 측면에서는 관절이 붓거나, 머릿결이나 손톱이 건조하며, 변비에 시달리기도 한다. 뼈의 손실이 커서 골다공증에 걸리기도 하고, 여자 아이들의 경우에는 정상적인 성적 발달이 지연된다. 평균 체중의 15%가 미달인 경우는 생명이 위험한 수위이다. 관계적 측면에서 다이어트를 부정적으로 보고 반대하는 모든 사람들은 적이 된다. 또 음식을 적게 먹기 위해 사람들과의 접촉을 회피함으로써 관계가 파괴되기도 한다.

섭식 장애가 왜 걸리는가에는 여러 이론이 있다. 그러나 그동안 상담을 통해 보면 잠재된 분노와 공포, 자신에 대한 부정적 이미지 때문이다. 행복하기 위해서, 예쁘다고 인정받고 사랑받기 위해 시작한 다이어트가 결국은 관계를 파괴하고 자신의 육체적, 정서적 건강을 해친다. 또한 여러 정서 장애로 원하던 것들을 성취할 수 없게 하여 인생의 봄을 겨울로 만든다. 지나친 다이어트를 하고 있는 사람들은 특히 앞에 열거한 증상이 있는 사람들은 잠재된 분노나 자신에 대해 어떤 이미지를 가지고 있는지 살피고 문제를 직시하기 바란다.

문제는 섭식 장애가 있는 본인들은 자신들이 지나친 다이어트를 한다고 생각하지 않는 데 있지만 말이다.

인터넷 중독의 그림자

인터넷 중독의 그림자

S는 더 이상 결혼 생활을 할 수 없다며 울고 있었다. 참으로 힘들게 살아온 결혼 생활이었다. 어린 나이에 시집 가서 무능력한 남편 뒷바라지하며 경제적으로 힘들었던 것, 결혼 초의 남편의 폭력을 참아냈던 일, 모든 일들이 주마등같이 스치지만, 요즈음같이 힘들지는 않았다고 했다.

몇 달 전 그녀는 침대 밑에서 포르노 잡지들을 발견하였다. 그들은 크게 싸웠다. 퇴근해서 늘 컴퓨터 앞에 앉아 있던 남편이 섭섭했지만 조사할 게 있다는 남편의 말을 믿고 참았다. 그녀는 남편의 변화가 인터넷 때문이었다는 것을 발견한 후 폭발하였다. 남편은 바람을 피운 것도 아니고 인터넷을 한 것이 뭐가 그리 대단히 잘못한 것인지 모르겠다며 화를 냈다.

자신은 그렇게 생각하지 않지만 S의 남편은 인터넷에 중독되어 있었다. 이제는 컴퓨터가 아내 역할을 대신하며 그의 삶에 기쁨을 주는 중요한 요소가 되었다. S의 남편같이 중독된 상태에서도 어느 정도 현실적인 일이나 작업 등을 할 수 있는 사람들이 있지만 그것은 보통 일시적인 현상일 뿐이고, 중독된 삶은 건강하며 의미 있는 삶과는 거리가 있다.

인터넷 중독의 심각성은 인터넷이 사회적으로 묵인되기 쉽고(특히 음란 사이트가 아닐 경우에) 다른 중독들과는 달리 재정적으로 큰 피해가 없기 때문에 본인 스스로가 중독되어 있는지도 모른다. 조사하는데 꼭 필요하다든가 등의 합리화를 통해 자신의 중독 사실을 부인하면서 더욱 중독에 빠져들기 쉽다.

청소년 정체성 발달과 인터넷의 영향

요즈음 많은 사람들이 인터넷을 이용하고 있고 특히 청소년들에게 인터넷은 삶의 한 부분으로 자리잡고 있다. 중독에는 술, 마약, 담배 등만 포함되는 것이 아니고 도박, 섹스, 쇼핑, 식탐, 일, 인터넷, 취미 등도 포함된다.

심리학자인 에릭슨에 의하면, 청소년기에는 정체성이 확립되는 기간이다. 즉 자기의 성에 대한 자각, 사회에서의 역할, 바른 자아상을 확립하고 친밀한 관계를 맺을 수 있는 능력을 배양하는 시기이다. 정체성을 확립하는 과정에서 청소년들은 삶의 한 부분인 폭력과 섹스에 호기심을 느끼며 인터넷을 통해 새로운 경험을 추구한다. 이것은 매우 자연스러운 일이다. 따라서 부모들은 자녀들의 건강한 발달을 위해 관심을 기울이고 교육할 필요가 있다. 그들의 육체적, 정신적, 정서적 욕구를 인정하면서 책임과 한계를 체득시키는 것이 필요하다.

다른 중독과 마찬가지로 인터넷 중독은 정신, 영혼, 육체의 균형을 무너뜨리며 특히 청소년은 건강한 발달을 할 수 없게 된다. 청소년은 자신이 누구인지 아는 정체성 확립을 위해 다양한 갈등을 겪으면서 삶의 가치관을 확립하고, 갈등을 다루는 방법과 자신의 역할을 배워야 한다. 또 갈등을 넘어서 친밀한 관계 맺는 방법을 배워야 한다.

그러나 인터넷은 진짜가 아닌 허상과 관계를 맺는 것이고, 가짜 친밀감을 느끼는 것이며, 나아가 갈등을 회피하기 위한 현실 도피 성향을 더욱 부추긴다. 따라서 이러한 성향이 자신의 삶의 태도로 굳어지면 후에 건전하고 친밀한 부부 관계나 동료, 나아가 자식들과의 관계를 맺지 못한다.

다른 중독과 마찬가지로 인터넷 중독의 심리적 영향은 죄책감, 불안, 우울증을 나타내기도 하고, 현실 도피나 부인, 심한 경우에는 발달 상태가 퇴보되기도 한다. 또 심하게 중독된 경우 내부 자아상을 피폐시키고, 다른 사람과의 관계를 파괴시킨다.

중독된 상태인지 아닌지 쉽게 가릴 수 있는 방법은 자신이 즐기고 있고 인터넷을 할 수 없다고 생각만 해도 초조하면 어느 정도 중독된 것이다. 심각한 상태는 편집증적이고 강박적 행동을 하거나, 삶의 의미가 없다는 생각이 들거나, 식은땀이 나기도 하며, 통제력을 상실하기도 한다.

중독을 방지하는 방법은 건강한 가족 분위기 조성과 부모의 바른 지침이 필요하다. 현대 사회에서 컴퓨터를 모르고 살 수는 없다. 문제는 지나치게 탐닉하는 것을 조절할 수 있어야 한다. 그러면 컴퓨터로 인한 부정적인 영향보다는 긍정적인 면이 더 많다.

참다운 웰빙

참다운 웰빙

세 끼 먹을거리가 없어서 걱정하던 세상이 30년 전이었다. 이제는 맛있는 것만 골라 먹고, 그러고는 살이 찔 것을 걱정하여 운동하거나 조깅하는 것이 요즈음 세상이니, 참 세월이 많이 바뀌었다. 또 30년 전의 사람들이 들으면 설마 하거나 과학 소설 속에서나 가능한 컴퓨터, 셀룰러폰(한국에서는 핸드폰이라고 한다), 인터넷 등이 삶의 부분이 되었다. 곧 나노 기술의 발달로 인간 수명이 120을 바라보는 요즈음, 가장 유행하는 단어 중의 하나는 웰빙(well-being)이다.

간단하게 웰빙을 정의하면 질적인 삶, 특히 건강한 삶을 추구하는 삶이다. 배고픔과 생존을 위협받으면서 '밤새 안녕하셨느냐'가 인사였던 어린 시절을 보냈거나 전통과 유교적 삶에 가치를 두고 있는 사람들에게, 다양한 가치와 선택의 자유, 그리고 소비가 미덕이며 서슴없이 자신의 요구를 주장하는 이 시대는 분명히 말세이며 혼돈의 시대이다. 그들에게는 웰빙이라는 단어조차 배부름의 소치이다. 그러나 웰빙의 핵심은 질과 행복이다.

또 웰빙이라는 정의는 시대의 변화와 함께한다. 웰빙이라는 단어의 뜻도 생각하지 않고 살던 30년 전, 아니 100년 전의 사람들도 나름대로의 웰빙을 추구하면서 살았다. 단지 그때의 묵계적이고 사회적인 가치와 규범이 지금과는 다를 뿐이다.

심리학자인 매슬로(Abraham Maslow)는 생존에 대한 욕구가 충족된 사람들은 다른 사람들의 인정을 받기 위해, 나아가 자기 실현을 추구하는 욕구가 있다고 한다. 요즈음 물질적 형편은 나아졌지만 어느 시대보다도 우울증과 불안증이 많아졌다. 웰빙이라는 단어가 입에 자주 오르내리는 만큼 어떻게 살아야 하는지에 대한 고민이 많아졌다는 것이다.

미국의 심리학자인 스티븐 라이스는 자신의 죽음 앞에서 삶을 재조명했다. 그는 행복하기 위해서는 돈과 명예가 필요한 것이 아니라는 것을 깨닫고 다른 사람들은 어떻게 사는지를 연구해서, 현대인들이 삶에서 추구하는 기본적인 16가지를 찾아냈다. 흥미롭게도 그중에 로또 당첨이나 돈을 많이 벌어 백만장자가 되면 행복할 것 같다는 것은 없었다. 반면, 인간의 기본 권리인 건강, 안정, 자유, 인정과 수용, 심리적 평화가 들어가 있고, 가족을 비롯해 심리적으로 중요한 사람들과의 관계를 중요하게 여기는 경향이 뚜렷했다.

물론 성장 환경에 따라 권력이나 명예에 관한 관심도 배제할 수 없고 현재 처한 환경에 따라 행복감을 느끼는 순위가 다를 수 있다.

즉 배가 고픈 사람에게는 밥이 행복감과 포만감을 주고, 인정이 필요한 사람에게는 인정받을 때 행복한 것이다.

행복이나 만족한 느낌은 쾌락과는 다르다. 행복하기 위해 감각적인 즐거움을 도외시할 수는 없다. 그러나 자아가 견고하지 않고 행복하지 않은 사람들은 지나친 감각적 쾌락을 추구하는 위험(?)에 빠지기 쉽다. 이러한 현상은 자신 안에 갈망이 있지만 구체적으로 어떤 욕구인지 모를 때, 또는 욕구를 충족시키는 데 너무 어렵다고 느낄 때 행복이 아닌 감각적 쾌락에 탐닉하게 된다. 또 필요한 욕구가 너무 많아 어떤 것부터 충족해야 하는지 알 수 없을 때 혼란스럽고 우울해지거나 불안해지기도 한다.

참다운 웰빙을 위해 몇 가지 고려해야 할 점이 있다. 건강, 안정, 심리적 평화를 추구하면서도 감각적 즐거움을 넘어 궁극적 가치를 추구하는 목적 있는 삶과 관계의 질을 높여야 한다. 그러기 위해서는 자신에게 소중한 사람들의 욕구와 소망에 관심을 가질 필요가 있다. 행복은 감각과 정신의 합작품이다. 목적 있는 삶을 추구할 때 현재의 고통은 이미 고통이 아니고 미래의 기쁨을 더욱 분명하게 한다. 칼릴 지브란의 글이 더욱 새롭다.

나는 당신의 행복을
소중히 합니다
그대가 나의 행복을
소중히 하듯
나에게 평화란 존재할 수 없습니다
그대가 없이는.

파티와 반창고

파티와 반창고

N은 상담실에 들어오면서부터 계속 울었다. 함께 온 K는 계속 벽과 바닥만 바라보고 있었다. K의 팔에 붙인 커다란 반창고는 어젯밤 상황에 대해 무언의 설명을 하고 있었다.

N의 설명에 의하면 K는 처음부터 언니를 축하해 주기 위한 파티에 가는 것이 싫어서 파티 장소를 찾는 데 1시간이나 헤맸다. 그리고 차 뒤에 동승한 N의 언니가 보는데도 불구하고 약도 종이를 N에게 집어던졌다고 한다. 또 파티 장소에서는 자신과 즐거운 시간을 보내려고 노력하지 않고 다른 여자나 힐끔 쳐다보았다고 한다. 그리고 K는 이제는 더 참을 수 없다면서 N에게 헤어지자고 이야기했다고 한다. N과 K의 5년 동안의 관계는 거의 끝나가고 있는 것 같았다.

N이 이야기를 끝낸 후, K는 자신의 입장을 이야기하였다. K는 파티 장소에 가는 것이 심리적으로 불편했지만 고의적으로 늦게 간 것도 아니었고, 화가 났던 것은 더더구나 아니었다고 했다. K는 파티에 간다는 것 자체를 좋아하지 않았지만 파티에 가고 싶어하는 N을 위해 나름대로 노력했다고 했다. 종이를 던진 것은 길을 헤매는 자신이 너무 바보같이 느껴져 화가 났기 때문이었다고 했다. 또 파티에 가서 춤을 추지 않고 가만히 앉아 있었던 이유는 분위기에 적응하는 데 시간이 걸리기 때문이라고 했다. 그는 N이 다른 남자와 이야기하는 것을 보았고, 마음이 상해서 N에게 어떤 일이 있었는지를 물어보았으나 N이 방어적이었기에 화가 났다고 했다. 그래서 자신도 모르게 이제는 헤어지자고 말했다고 했다. 그는 지하철을 타려는 N을 말리다 화가 나 지하철 벽을 팔로 쳐 반창고를 붙였다고 했다.

나는 그들이 한 행동 저변의 의미를 재구성하여 설명했다. 그리고 각자가 느낀 점과 정말로 상대방에게 하고 싶은 이야기가 무엇인지 다시 한번 상대방에게 말해 보라고 했다.

N은 K가 좀더 솔직하게 원하는 것을 말하면 좋겠다고 했다. 예를 들어 K가 나이트클럽에 가는 것을 싫어한다고 했다면 다른 방법으로 언니를 축하하면서 더 좋은 시간을 보낼 수 있었을 것이라고 했다.

K는 N이 다른 남자들의 시선을 받는 것이 싫다고 했다. 또 자신이 N을 얼마나 사랑하는가를 알아수었으면 한다고 말했다. N에게 헤어지자고 말은 하였지만 N이 떠난 후 한참 동안 거리를 헤매서 N을 찾아 다시 차에 태우고 온 사실을 상기시켰다.

같은 사건을 두고 너무나 다른 경험과 해석을 함으로써 N과 K는 극단적인 단계까지 갔다. 다행인 것은 상대방의 행동 저변의 의미를 재구성하여 알려 주는 나의 해석에 두 사람이 귀를 기울이고, 상대방의 설명을 더욱 개방적으로 수용한 점이었다.

사람들은 자신의 과거에 축적된 경험에 비추어 모든 사건에 나름대로 의미를 부여한다. 그리고 주관적 판단에 기초한 실재(reality)를 창조한다. 또 의미 부여에 따라 감정을 느끼고 나아가 감정이 행동을 유도한다.

이 세상에는 똑같이 생각하고 의미를 부여하며 행동하는 두 사람은 없다. 따라서 사람이 살아 숨쉬는 동안은 갈등이 불가피하다. 부부 갈등의 적지 않은 경우가 대화와 갈등을 해결할 수 있는 기술 부족에 기인할 때가 많다.

싸움이 불가피한 부부 관계에서 친밀한 관계를 만드는 비결에 대해 보웬(M. Bowen)은 이렇게 말했다. "과거와 현재의 부부 갈등의 원인을 이해하고 갈등의 형성 과정과 갈등의 패턴을 깨닫게 되면, 미래에 생길 수 있는 사건과 갈등을 예측하게 되므로 갈등의 통제 가능성을 높일 수 있다. 나아가 더욱 친밀한 관계를 형성할 수 있다."

따라서 행복한 부부 관계를 원하는 부부는 서로가 얼마나 다른지 깨닫고 서로 달라서 발생하는 갈등의 패턴을 발견하고, 갈등 해결 기술과 개방적 대화의 기술을 습득하도록 노력해야 한다.

부자 되세요

부자 되세요

새해가 되면 대부분의 사람들은 적어도 꼭 이루고 싶은 것 하나씩은 가슴속에 새기는 것 같다. 매년 미국에서 가장 인기 있는 새해 목표 5가지를 들자면 다음과 같다. 살 빼기, 금연, 주위 사람들과의 관계 증진, 돈 많이 벌기, 새로운 취미 갖기. 사람들이 이런 소망을 갖는 것은 이를 통해 자기 삶이 조금은 달라지고 행복지수를 높일 수 있다는 믿음에서 나온 것일 것이다.

예전에 한국에서 가장 유행했던 새해 덕담은 "부자 되세요"였다. 나 역시 '부자 되라'는 몇몇 친구들의 카드를 받았다. 또한 여론 조사에서 새해에 이루어졌으면 하는 소원 가운데 응답자의 71%가 돈을 많이 버는 것이라고 하니, 많은 사람들이 돈이 중요하다고 느끼고 있음이 분명하다. 돈을 중요시 여기는 것은 한국 사람들만은 아니다.

제임스 패터슨과 피터 김 여론 조사팀에 따르면, 100만 달러를 벌 수만 있다면 가족을 버리겠다고 한 사람들이 응답자 중 25%, 믿음을 버리겠다고 한 사람들이 25%, 매춘을 할 수 있다고 한사람들이 23%, 배우자를 버리겠다고 하는 사람들이 16%, 살인자를 무죄 방면하도록 거짓 증언하겠다고 한 사람들이 10%, 타인을 살해하겠다는 사람들이 7%, 아이들을 다른 사람에게 입양시키겠다는 사람이 3%나 되었다. 돈을 위해서라면 자신의 믿음, 신뢰, 결혼 관계, 자기 분신인 아이들까지 포기하고, 자긍심과 정체성까지 포기하겠다는 것이다. 물질의 힘이 놀랍고 왜 돈이 우상이 될 수 있는지 알 것 같다.

사람들이 돈을 추구하는 것은 돈이 있으면 행복해질 수 있고 자신의 삶에서 빈 부분이 채워질 것이라는 믿음 때문이다. 또 새해 소망과 꼭 이루어야 할 일의 결단 목록을 작성하고, 돈을 벌기 위해 열심히 일하는 것도 행복해지고자 하는 노력이다.

행복이 매우 주관적이라는 것을 고려한다면 누구도 다른 사람에게 이것은 바람직하고 저것은 어리석다고 말할 수 없다. 그러나 행복을 추구하는 개인의 존재를 실현해 가는 데 있어 심리 분석 치유 면에서 중요한 것 하나는 장기적으로 나타나는 결과를 살펴보는 일이다. 주관적으로 판단할 때 현재 행복하기 위해 결단하는 행동이 주는 장기적 피해가 현재 느끼는 감정적 행복보다 크다면 지금의 행동을 절제하는 것이 중요하다.

행복 지수

서양의 물질 지향적 문화와 비교해서 동양의 문화는 인간관계를 중시 여긴다. 관계를 중시하는 면에서 한국은 역사상 타의 추종을 불허하였고 지금도 그럴 것이라고 믿는다. 미군 탱크에 깔려 죽은 두 여중생의 죽음에 온 국민이 촛불을 켜고 함께 슬퍼하며 고통을 나누는 것이 하나의 증거라고 생각한다.

한편 관계성을 추구하는 한국인들이 경제 성장을 하면서 미국 사람들보다도 더 개인화해 가는 것 같아 염려된다. 며칠 전 신문에서 환경 오염에 관한 기사를 읽었다. 나만 잘되면 주위도 상관없고, 자신과 자손들이 살 땅이 어떻게 되든 괜찮다는 태도, 또 명품을 사기 위해 원조 교제를 하고, 돈을 벌기 위해 수단과 방법을 가리지 않으며, 직장에서 살아남기 위해 가족은 뒷전인 것이 상식인 사회 분위기는, 장기적으로 개인의 행복을 추구한다는 면에서 바람직하지 않다.

얼마 전 미연합감리교단에서 단순한 삶의 양식을 가지고 여유와 나눔의 삶을 살자는 캠페인을 벌였다. <단순한 삶의 오아시스>라는 잡지의 편집장인 재닛 루스는 "단순한 삶은 조금 덜 일하고, 덜 쇼핑하고, 좋아하는 사람들과 시간을 더 보내고, 자원 봉사 활동을 좀더 함으로써 인생을 즐기는 것"이라고 정의하였다.

그녀가 이야기하는 단순한 삶이란 여유가 있는 삶이다. 여유 있는 삶은 지금 당장보다는 장기적으로 미래에 초점을 맞추고 인간관계를 증진시키면서 자신을 계발하는 것을 중요하게 여긴다. 필요에 의해 이루어지는 관계가 아닌 진실과 존중함이 있는 관계와 궁극적인 삶의 의미를 찾는 일은 기쁨과 평화를 마음속에 심어줄 뿐 아니라 가정과 직장 그리고 주변 사회와 세상에까지 긍정적인 영향을 미칠 수 있다. 이것이 바로 21세기의 '수신제가치국평천하'가 아닐까.

혹 성적 장애?

혹 성적 장애?

신명나게 살고 싶은 것이 모든 사람의 소망이다. 그러나 여러 가지 이유와 상황으로 산 것도 아니고 죽은 것도 아닌 상태로 사는 사람들이 생각보다 많다. 어떤 사람들은 생각하지 않고, 느끼지 않고, 위험을 피하기 위해 아예 행동하지 않고 사는 '림보'(연옥)의 상태를 영적이며 인격적인 것으로 스스로 합리화한다. 그러나 그런 삶의 자세는 갈등과 고통의 도전을 피하기 위해 스스로 합리화한 것이다.

림보 상황 속에 사는 사람들은 대부분 장기간에 걸쳐 축적된 스트레스를 경험하고 있다. 적응하기 힘든 현재 상황, 또 현 상황을 어떻게 대처하고 행동해야 할지 확실히 알 수 없을 때, 가치관이 흔들리는 정신과 정서의 공황 상태 즉 극심한 혼돈을 겪고 있을 때도 림보 상태에 있을 수 있다. 혼돈과 갈등은 스트레스의 요인이며, 축적된 만성 스트레스는 사람들의 사고, 태도, 행동, 관계에 영향을 준다.

또 나아가 성적인 장애의 요인이 되기도 하고 자기 파괴적 행동(약물, 음주, 도박, 외도 등)을 하게 하기도 한다. 사람이 신명나게 살기 위해서는 성적인 면을 무시할 수 없다. 사람은 성적인 즐거움을 누리면서 삶의 새로운 힘을 공급받는다. 그런데 어떤 이유로든 성적인 행위를 즐길 수 없을 때 성적 장애가 있다고 본다.

남성의 경우 발기와 지속 정도에 따라 정상적으로 성행위를 할 수 없거나 즐길 수 없는 경우이다. 발기가 안 되거나 발기 후 지속에서 문제가 있는 경우, 사정을 하지 못하는 경우, 음경강직증(priapism)으로 고통받는 경우이다. 특히 음경강직증일 때는 바로 병원을 찾아가 치료를 받아야 한다.

여성은 성행위시 고통을 느끼거나 무감각할 경우, 성행위를 할 수 없을 경우 성적 장애가 있다고 본다. 약 40%의 여성들이 오르가슴을 느끼지 못하는 장애를 겪고 있다.

많은 부부들이 성적 문제가 있을 경우, 신체적으로 고통을 느끼는 심각한 상태나 배우자가 심각하게 불만을 표현하기 전에는 림보 상태로 살고 문제의 심각성을 부인하거나 무시한다. 발기와 관련된 문제(ED, Erectile Dysfunction)로 고통받는 남성이 전 세계적으로 1억 명이 넘는 것으로 보고되고 있으나 10%도 안 되는 사람들만 전문적인 도움을 찾을 뿐이다. 사람들이 얼마나 성적 문제를 직시하지 않는지 알 수 있다.

성적 장애의 원인은 다양하다. 당뇨, 고혈압, 전립선이나 내분비선에 문제가 있을 때 생기기도 하며, 항우울제 복용, 흡연, 음주, 마약 복용, 장시간 앉아서 일하는 것 때문에 ED가 생기기도 한다.

심리 정서적 측면에서는 우울증, 불안증, 사업의 어려움, 집안의 문제, 부부간의 갈등, 자존감과 자신감이 낮거나, 불안, 죄책감, 잘못된 성적 가치관(예로 성적인 것은 더러운 것)이 성적 장애의 원인이 된다.

또 나이 들어 가면서 남성들의 경우에는 근육이 이완되어 발기하고 지속하기 위해 더 큰 자극과 시간이 필요하다. 여성들의 경우에는 폐경기를 거치면서 분비물의 양이 줄어들어 성행위가 고통스럽기도 하다. 그러나 나이가 들어도 성생활에 대한 이해가 늘고, 부부간의 친밀한 이해와 대화가 있을 때는 성적 교감을 높일 수 있다. 많은 미국 노인들의 경우는 나이가 들어가면서 더욱 성적 교감과 행위를 즐긴다고 한다.

성적 장애는 특히 남성들에게는 자아상과 자존감에 영향을 주며, 이는 남녀노소를 불문하고 관계 특히 결혼 생활에 부정적인 영향을 끼친다. 따라서 성적 장애가 있는 사람들은 먼저 의학적인 진단을 받고 장애 요인이 될 수 있는 부정적인 면을 개선해야 한다. 그러고 나서도 문제가 있다면 전문적인 도움을 받으라고 권하고 싶다.

위기 상황의 극복

위기 상황의 극복

사람들은 살면서 위기 상황을 꼭 경험한다. 정도의 차이가 있으나 위기를 어떻게 경험하느냐에 따라 삶의 질과 인격이 더욱 긍정적인 방향으로 성장하기도 하고 망가지기도 한다.

위기란 삶의 균형을 깨뜨리는 사건으로 자신의 존재나, 존재의 가치와 의미에 위협을 느끼게 하는 상황을 말한다. 위기에 처했을 때 자존감에 따라 겪는 스트레스의 양이 달라진다. 일반적으로 자존감이 높고, 어릴 적에 적절한 양육을 통해 역할 훈련을 받아 정체성 확립을 이룬 사람은 심각한 위기를 겪어도 잘 견딘다. 반면에 그렇지 못한 사람들은 적응 능력이 약하다. 위기는 스트레스를 증폭시키기 때문에 위기에 접한 사람들은 심각한 스트레스를 경험하게 된다. 심한 경우는 문제를 직시하고 대처하기보다 부정적인 방법으로 고통을 잊어버리려고 한다. 즉 약물에 의존하든가 엉뚱한 사람들, 특히 자신보다 약한 사람들을 폭행하거나, 극단적인 경우는 자살을 하기도 한다.

위기에는 여러 종류가 있다. 일반적으로 모든 사람들이 겪는 위기는 삶의 주기로 인한 위기, 예를 들면 사춘기나 사추기(중년기), 주위 사람들의 죽음으로 인해 겪는 위기 등이 있다. 특수 위기 상황의 대표적인 것은 전쟁이나 9월 11일 전 세계를 경악시켰던 뉴욕 쌍둥이 빌딩의 테러 사건 등이 해당된다. 많은 내담자들이 그날 이후에 악몽에 시달리고 있다. 어떤 사람들은 직접 피해가 없었음에도 불구하고 심각한 심리적 반응을 나타내고 있다.

무너진 쌍둥이빌딩

9 · 11 테러 사건은 참으로 많은 사람들을 놀라게 했다. 주스 바를 경영하고 있는 S는 아파트 옥상에서 맨해튼을 구경하고 있다가 쌍둥이빌딩이 무너지는 것을 보았다. 순간 그는 자신의 눈을 의심하였다. 순간적이었지만 자신의 몸이 영과 격리되는 것 같은 현상을 체험했다(이러한 증세는 극심한 스트레스 상황 중에 생기는 현상 중 하나이다).

그후 그는 잠을 잘 수가 없었다. 잠이 들면 악몽에 시달리기가 일쑤로, 2주나 됐다. 남이 보기에는 정서적으로 무리가 없는 것같이 보이지만, 사실은 극도의 고통을 경험하고 있다고 토로했다. 그는 어떻게 그런 큰 사건이 일어났음에도 불구하고 사람들이 테러라는 현실을 직시하기보다는 자신들의 삶을 영위하는 데 급급한지 이해할 수 없다고 했다. 그는 상담하러 오기 전 날에 꾼 꿈을 이야기하였다.

S는 꿈속에서 웨이터로 일하고 있었다. 손님에게 줄 영수증에 숫

자가 적혀 있는데 한없이 긴 숫자가 가로로 적혀 있었다. 손님이 얼마냐고 물었고, 얼마라고 답해야 하는데 계산기가 없어서 계산기를 찾다가 간신히 찾아 합계를 내려고 했다. 그러나 계산기의 숫자판은 두 자리만 보여 주어서 도저히 합계를 낼 수 없었다고 한다.

꿈 해석을 하면서 나타난 것은 자신의 존재와 역할에 대한 위협감이었다. 영수증의 긴 숫자는 쌍둥이빌딩의 모습, 그리고 계산기의 두 자리 숫자는 쌍둥이빌딩의 숫자 2를 의미했다. 쌍둥이, 2라는 숫자는 그와 동생이 겪었던 과거의 위기와 관련되었다.

가로로 길게 적혀 있던 영수증의 숫자들은 자신의 책임이 아닌 문제, 그러나 자신이 감당하고 해결하고 처리해야 하는 부담감을 나타냈다. 또 계산기를 찾는 것은 적절한 도움을 받아 헤매는 처지와 그러한 것이 드러나는 것에 대한 불안의 모습이다. 동시에 자신에 대한 수치감과 능력에 대한 강한 회의가 나타났다.

꿈과 더불어 쌍둥이빌딩이 무너지는 당시의 경험을 분석하는 가운데 드러난 것은 S는 두 빌딩이 무너지는 순간에 자신의 어린 시절로 돌아갔다는 것이 드러났다. 어린 시절 그의 부모는 만나기만 하면 싸웠다. 아버지의 바람기로 부모의 싸움이 잦았다. 부모는 아이들이 경험하는 어려움을 모르고 자신들의 문제에만 매달려 있었다.

그런 환경 속에서 거의 절대적인 무력감과 수치감, 분노를 체험했다. 후에 자라서 S는 환경의 불안정으로 인한 고통을 대처하기 위해 약물에 의존했다. 두 빌딩이 무너지는 것은 무너져 내렸던 부모를 상징하였고, 불안정한 사태를 보고만 있어야 했던 무력감과 분노는 20년이 지나서 위기 상황 속에서 재현되어 S를 심리적으로 마비시켰던 것이다.

숨기고 싶은 개고기 문화

숨기고 싶은 개고기 문화

신문을 장식하고 있는 개고기 사건에 관련해서 분개한 한인들의 반응이 매우 다양하다. 대부분의 한인들은 방송국의 오보에 울분을 감추지 못한다. 어떤 한인들은 미국에 사는 한인들은 미국의 '개 사랑' 문화를 존중해 개고기는 먹지 않는 문화인(?)이라는 점을 강조한다. 반면 많은 사람들은 한국인들이 야만인으로 보일까봐 속상해 한다.

사람들은 가장 소중한 순간에 영원히 머물고 싶어한다. 정반대의 상태는 자신의 부끄러운 모습이 드러날 때이다. 인간은 사회적 동물이며, 자긍심을 갖고 살기 위해서는 긍정적인 남의 시선을 필요로 한다. 따라서 피하고 싶은 순간은 사람들의 눈을 피하고 싶을 정도로 수치스러울 때이다.

수치심은 감당할 수 없는 심리적 고통이다. 이는 자신의 존재를 감추고 싶은 바람이라고 할 수 있다. 정도에 따라 다르지만 삶에 끼치는 부정적인 영향은 지대하다. 수치심을 지닌 사람은 자신과 타인에게서 소외되며 자유롭지 못하다. 이상화하는 사람이나 집단과 동일시해 사회의 부정적인 세력을 형성하기도 하고(예로 미국의 KKK단), 자신이 수치스럽게 생각하는 면을 지닌 사람들을 희생 양으로 만들고 배척하기도 한다. 수치심에서 유발된 악습들이 있다. 예를 들면 신체장애인이나 정신지체 장애인들을 믿는 사람의 회중에 들지 못하게 하던 때도 있었다. 악습은 인간의 행복한 삶을 위해 극복해야 한다.

그러나 문화는 다르다. 언젠가 신문에 말고기 햄버거와 스테이크에 대해 자랑스럽게 쓴 글을 읽은 적이 있다. 그렇다면 개고기 문화도 당당히 우리 한국 사람들의 음식 문화로 인정해야 하지 않을까.

이번 파동으로 기사에 나왔던 식당 '나루터'를 피하는 사람들이 많다고 한다. 또 한국 사람들이 개고기 먹는 것을 부끄럽고 속상해하는 사람들이 더러 있다. 이들은 다른 나라 사람들이 알게 된 게 창피하다며 화를 낸다. 할 수만 있다면 그러한 사실을 숨기고 싶어한다. 반면 지나친 분노의 감정을 표출하는 사람도 있다. 이러한 현상은 자신 속에 수치심이 도사리고 있기 때문이다. 하지만 이에 당당히 맞서는 자세가 필요하다.

노방 전도와 수치심

11월 초 그림같이 아름다운 매사추세츠의 한 지방에서 심리치료사들의 컨퍼런스가 있었다. 단연 9 · 11 테러와 미국의 아프가니스탄 공격이 주요 분석 대상이 되었다. 분석 결과 9 · 11 테러 이후 미국인의 반응은 수치심과 분노의 합작품이라는 것이었다.

어릴 적 유태인에게 당한 설움에 수백만 명의 유태인들을 보복 처형한 히틀러는 수치심과 강박증으로 묶여 있던 사람이었다. 또 흑인과의 결혼, 이혼 등 자녀가 사회적 기대나 통념을 깨는 일을 저지를 경우, 자녀의 고통이나 행복을 이해하고 감싸주기보다는 집안에 없는 자식으로 치겠다고 위협하거나 실제로 자식과의 연을 끊는 사람들도 있다. 이 역시 주위 사람들의 시선을 의식하고 숨기고 싶은 부분이 노출된 것을 수치스러워하기 때문이다.

얼마 전 어떤 젊은이가 쓴 "노방 전도하는 모습을 보면 만 정이 떨어진다"는 글을 읽었다. 그는 외국 사람들이 노방 전도하는 사람을 향해 이상한 눈을 뜨고 지나가기라도 하면 더더욱 창피하다는 생각이 든다고 했다. 너무 무식하고 흉물스러워 예수 믿으면 저렇게 될까 봐 교회 근처에는 가지도 말아야겠다는 생각을 했다는 글이었다.

단순한 글이었으나 많은 것을 시사하고 있었다. 그는 노방 전도하는 사람을 통해 수치심을 느꼈다. 고성방가로 타인에게 끼칠 영향에 대한 고려가 없었던 것은 유감이지만, 스스로 좋아서 선택한 행위에 대해 코믹하게 생각할 수도 있고 얼마든지 긍정적으로 생각할 수도 있다. 그러나 그는 상대에 대해 혐오감을 느끼고, 노방 전도하는 사람을 무식하고 흉물스럽게 느꼈다. 나아가 자신과 노방 전도하는 사람이 분리된 객체라는 사실을 인지하지 못했다. 대신 창피해 하며 수치심을 유발시키는 사람과 장소(교회)를 피하는 것으로 대신했다.

자신의 존재에 대한 불확실성에 기인한 수치심은 자신과 타인에 대한 분노를 유발시킨다. 또 더 나은 삶과 관계를 마비시킨다. 수치심을 극복하기 위해서는 자신 속에 있는 긍정적인 면들을 계발하고 자신을 있는 그대로 인정할 수 있어야 한다. 그리고 자신과 다른 사람이 별개의 존재로서 고유성을 인정하고 존중하는 심리적 경계(boundary)가 필요하다.

충동 통제 장애–크리스마스 병

충동 통제 장애 - 크리스마스 병

50대인 K는 20대부터 시작된 알코올 중독에서 성공적으로 벗어났다. 그러나 자신과 분리해서 생각할 수 없었던 우울증과의 싸움을 계속하고 있다. 요즘 상담 시간에 자신의 변화에 따른 활기찬 생활을 이야기하던 K가 최근 크리스마스를 생각하면서 눈물을 지었다.

그녀는 병원에서 크리스마스에 일할 사람이 필요한데 자신도 모르게 자원하고 싶었고 왜 그런 황당한 생각이 들었는지 분석하였다. 분석 결과 그녀의 자원 봉사 이면에는 세 살 때 헤어진 아버지와 함께하고 싶은 욕구가 있었다.

병원에 근무하는 그녀가 돌보는 많은 환자들은 알코올 중독자들이었고, 또 방문하는 가족이 없는 외로운 사람들이다. 얼굴도 모르는 아버지를 그리워했던 그녀는 외로운 환자들의 모습에서 알코올 중독자였던 아버지를 무의식적으로 보고 돌보고 있었다.

크리스마스를 전후하여, 많은 사람들이 알게 모르게 힘들어 한다. 무의식적으로 '크리스마스 병'을 앓는 사람들이 많다는 것이다. 보통 무의식 차원에서 '크리스마스'라는 단어는 사람들에게 '가족과 어린 시절의 이미지'이다. 더 깊은 의미로는 '생명'과 '기쁨'이다.

따라서 어린 시절 아픔이 많았거나, 현재 가족이 없거나, 삶의 변화, 이혼 또는 사별 등으로 상실감이 크거나, 외롭거나, 삶에 소망이나 기쁨이 없는 사람들에게 크리스마스는 참으로 힘든 명절이다. 자신들의 경험이 집단적으로 제시하는 '생명'과 '기쁨'의 의미와 다르기 때문이다. 특히 하나님의 아들인 예수가 '생명'과 '자유'를 그들에게 주기 위해 세상에 왔다는 것을 믿지 못할 때 더욱 그렇다. 때문에 크리스마스를 전후하여 음주 사고를 비롯한 많은 사고들이 생긴다.

매년 미 전역에 음주 운전으로 17,000명이 생명을 잃는다. 다행히 음주 운전이 감소되는 추세이다. 요즈음 한국에서는 송년회 대신 양로원이나 고아원을 방문하는 새로운 음직임이 생겨 다행스럽다.

크리스마스를 전후하여 술자리가 많아지면서 상습적인 음주 음전을 하는 것도 문제지만, 더욱 심각한 것은 '충동 통제 장애'가 있는 사람들이다. 충동 통제 장애의 두드러진 특징 중 하나는 어떤 행동이 다른 사람에게 피해를 준다는 것을 알면서도 충동이나 유혹을 이기지 못하고 행동하는 것이다.

충동 통제 장애란?

충동 통제 장애가 있는 사람들은 일단 충동이나 유혹이 생기면 긴장하거나 흥분이 고조된다. 그러다 충동을 행동으로 옮기면 긴장감이나 흥분이 급속히 줄어들면서 만족감과 안도감을 느낀다. 충동적인 행동은 개인이 무의식에서 소망하는 것을 의미하고 상징한다. 그리고 그 소망을 만족시키는 행동들이다.

충동 통제 장애에 들어가는 행동에는 방화, 도박, 절도, 간헐적이며 폭발적인 폭력 등이 있다. 또 인터넷 중독이나 강박적 성적 행동, 자해, 쇼핑 중독도 이 범주에 들어간다.

독일의 정신의학자인 칸은 충동적인 사람의 특성을 흥분성, 신속성, 폭발성이라고 보았다. 정신분석적인 측면에서 충동 통제 장애는 초자아의 억제력이 약화된 것을 의미한다. 특히 어린 시절 남근기에 심한 좌절 경험이나 과도한 집착에서 기인하는 것으로 본다. 따라서 이들은 사소한 실패에도 심리적으로 과민하게 반응하며, 충동적인 행동으로 반응하는 경향이 있다.

또 거시적 관점에서 충동 장애는 환경에 기인한 스트레스와 학습에 기인한다고 본다. 즉 충동적인 부모 밑에서 자란 자녀가 자라면서 경험한 스트레스, 그리고 부모의 행동을 학습해서 충동 통제 장애를 가질 확률이 높다.

가족, 사랑, 기쁨을 의미하는 성탄절에 소망이 없거나 마음이 아픈 사람들, 충동 억제가 힘든 사람들은 무의식적으로 자신의 아픔을 생각나게 하거나 마음을 아프게 하는 곳은 피한다. 고통을 주는 상황을 피하는 것은 긍정적이기도 하지만 축적된 고통과 아픔을 다루는 적극적인 방법은 아니다. 충동 통제 장애는 전문적인 치료가 필요하다. 그러나 경증의 경우에는 다른 사람들과의 관계를 통해 스스로 개선해 나가면서 터득하는 것이 효과적이다. 예를 들면 자신보다 더 고통스러운 상황에 있는 사람들을 위로하고 함께하는 것이다. 다른 사람들의 미소(기쁨, 생명) 속에서 자신의 아픔이 조금씩 치유되기 때문이다. 죽고자 하는 자는 산다는 말씀을 체험할 수 있을 것이다.

또 치료를 위한 것이 아니더라도 성탄절이 가까워지면서 외로운 이웃을 돌아보는 작은 관심을 통해 성탄절의 의미인 '기쁨과 생명'을 심리적으로 키울 수 있다.

믿음으로 안 될 때

믿음으로 안 될 때

내담자들의 고통스러운 삶의 이모저모를 듣고 분석하면서 깨닫는 것은 각자의 문제점은 달라도 공통점은 더 나은 삶, 즉 행복한 삶을 살고 싶어한다는 소망이 있다는 것이다. 그러나 일반적으로 많은 사람들이 의식하지 못하는 무의식에 의해 고통스러운 삶을 계속 살고 있다.

40대 후반의 K도 예외는 아니었다. 최고 학력의 박사인 K는 세련된 매너와 어휘 능력으로 많은 사람들의 존경을 받았다. 그럼에도 불구하고 혼자 있을 때는 제어할 수 없을 정도로 우울한 감정, 허무감, 무기력감으로 고통받은 지 벌써 몇 년째였다.

독실한 그리스도인인 그는 자신의 고통을 치유하기 위해 수시로

기도원에 가서 기도하고 부흥회도 다녔다. 그러나 잠시뿐, 한 달을 넘지 못하고 우울한 감정과 외로움은 다시 새록새록 가슴에 쌓이고 가슴을 도려내는 아픔에 시달렸다. 그는 믿음이 없는 사람으로 보여지는 것이 두려워 사람들 앞에서는 너무나 완벽할 정도로 자기 감정을 다스린다. 덕분에 가족조차도 그의 고통의 정도를 깨닫지 못했고, 그의 외로움을 더욱 깊게 했다.

처음 상담을 요청하였을 때 그의 상담의 목표는 중년기의 우울증과 허무감을 극복하고 더 나은 삶을 살고 싶다는 것이었다. 상담이 진행되면서 밝혀진 것은 K의 우울증의 뿌리는 단순한 중년기의 위기감에서 기인한 것이 아니었다. 그의 어린 시절 자신에 대한 깊은 수치심과 타인에 대한 불신에서 기인한 것이었다.

자라면서 수치심과 열등감, 관계를 맺는 두려움을 일과 성취에 대한 집착으로 대치시켰다. K는 일과 성취에서 삶의 의미와 기쁨을 느꼈지만, 본래적으로는 다른 사람들이 자신의 삶의 영역에 너무 근접하지 않게 성을 쌓고 사람을 피하는 방편이었다. 심리 치료 과정을 거치면서 그는 자신이 가장 원하는 것은 자신을 알고 다른 사람들과 깊은 관계를 맺는 것이라는 것을 점점 깨달았다. 따라서 일을 핑계로 사람들을 피하는 것을 줄이고 더 적극적으로 자신의 욕구에 귀를 기울이면서 원하는 것을 조금씩 하였다.

그의 우울증과 허무감은 극복되기 시작하였다. 요즈음 K는 조금씩 행복을 느낀다고 하였다. 그는 자신을 더욱 현실적으로 보게 되었다. 자신의 긍정적인 면과 더불어 부족한 면을 인정했다. 또 친밀한 관계를 두려워하는 자신을 발견하고 아내에게 약한 모습을 보여 주고 적극적인 대화를 시도했다. 그리고 일의 의미를 발견하면서 일에

쫓기는 것이 아닌 즐기는 단계에까지 이르게 되었다.

프로이트는 인간이 얼마나 건강한가를 알기 위해서는 두 면을 살펴보아야 한다고 했다. 하나는 얼마나 자신의 일, 즉 직업에서 만족을 얻는가이며, 다른 하나는 자신을 포함한 다른 사람을 사랑할 수 있는 능력이다. 따라서 분석가는 내담자의 두 가지 면을 분석함으로써 그가 얼마나 자신의 삶을 의미 있게 살고 행복한 삶을 즐길 수 있는지를 알 수 있다.

무의식의 횡포에서 벗어나 일과 관계의 능력을 계발하여 자신의 삶에 책임지고 선택할 수 있다는 것은 참으로 가치 있는 일이다. 예수님이 이 세상에 오신 목적은 “양으로 생명을 얻게 하고 더 풍성히 얻게 하려는 것이라”(요 10:10)고 하셨는데, 사람들이 풍성한 삶을 살게 하는 데 정신분석 심리 치료가 조금은 도움이 되는 것 같아 보람을 느낄 때가 많다.

행복한 자녀 만들기

행복한 자녀 만들기

자기심리학의 선구자인 코헛은 유아기에 받아야 할 적절한 보살핌과 사랑의 시선이 결핍되었을 때 아이는 자라서 약물이나 알코올에 중독이 될 가능성이 높다고 했다. 또 아동기 초기에 부모가 아이의 욕구에 대해 무관심하거나 아이의 독특한 존재성을 무시하고 지나치게 간섭과 통제할 경우 아이들은 자라서 성적으로 분방하거나, 자신의 이상을 투사할 수 있거나 이상을 제시하는 강한 사람에게 자신의 존재를 상실하면서까지 순종하고 복종하는 성향을 가지게 된다고 했다. 예를 들면 한국에서 문제가 되었던 이른바 '일진회'에 들어가는 것을 자랑으로 여기는 것과 같은 경우이다.

요즈음 흔치 않게 듣는 이야기, 또 드라마를 통해 이 같은 세태를 접하게 된다. 유부남과 바람피우는 젊은 여성이나 유부녀가 남자에게 하는 말 가운데 "이혼하라고 하지 않을 테니 당신 그늘에서 살겠다"는 식의 말은 심리적으로 사랑이라는 이름으로 자신의 잘못된 자아관과 관계성을 방어하며 얼마나 건강하지 않은지 말하고 있다.

나아가 프리섹스의 도가 지나쳐 성적으로 지나치게 분방한 태도, 주관이 강하고 이기적인 것 같으나 유행을 따르고 명품을 가지지 않으면 화나고 불안한 심리, 새로운 것에 무비판적으로 열광하는 심리, 강자를 추종하는 심리(지나치면 조폭의 심리라고 할 수 있는데 이는 사회집단적 심리 현상을 어느 정도 반영한다) 등은 어릴 적 경험과 밀접하게 연관되어 있다.

유아기와 아동기에 부적절하게 자란 사람들은 평생 행복과는 거리가 멀고 계속적으로 방황하는 삶을 살 가능성이 높다. 심지어 전문적인 정신분석을 통해 건강한 심리 구조를 재구성하는 데도 엄청난 시간과 노력이 든다.

그렇게 본다면 영아 때부터 영재 교육이다, 영어 교육이다며 여러 학원에 다니는 아이들이 자라서 어찌 어떻게 될지 심히 걱정된다. 개인의 창의성과 관계성은 어릴 때 놀이 경험을 통해 형성된다. 어릴 적에 놀아보지 못한 사람은 삶의 기쁨도 모르기 쉽다. 논다는 것은 혼자 하는 비디오 게임이 아니라 인간과 인간과의 만남과 갈등 속에서, 웃음 속에서 노는 걸 말한다. 그래서 정신분석 심리가인 위니코트는 건강한 삶, 행복한 삶을 위해 '노는 능력'을 중시하였다. 또 개인의 자아관과 건강한 사회의 구성원이 되는 바탕은 부모와의 계속적인 관계 속에서 자라게 된다. 가능하면 자녀 교육은 학원이 아니라 부모가(엄마만이 아니라) 해야 한다.

슈퍼 엄마 강박증

최근 <중앙일보> 특집 기사 중 "여성이 변해야 한국이 산다"에서, 자녀들이 엄마에게 '이젠 닦달 좀 그만하세요'라는 글을 통해 한국의 엄마들이 겪는 인간으로서, 엄마로서의 아픔을 느꼈다.

이 특집은 전체적으로 잘 짜여지고 한국 사회의 현재와 미래를 위해 꼭 필요한 내용이라는 생각이 들면서도 마음 한구석에는 아쉬움이 있었다. 엄마들이, 여성들이 한 명도 아니고 단체적으로 부정적인 모습으로 비쳐지고 있다면 무엇이 그들을 그렇게 만들었고, 또 그렇게 된 문제의 본질이 무엇인지 찾지 않은 채 무조건 여성들에게만 잘못을 전가하는 것은 교육적으로나 심리적으로도 별로 효과가 없다.

여성들의 부정적인 모습을 구조적으로 만들어낸 과거의 한국 사회와 현재의 사회, 정치, 교육, 문화, 경제 체제에 대한 원인과 분석을 함께했었다면 하는 아쉬움이 남는다.

많은 청소년 내담자와 학부모 내담자들과 상담하면서 느끼는 것은, 대부분의 경우 부모들은 가능하면 자식의 아픔을 대신 지고 싶을 정도로 자녀들을 사랑한다는 것이다. 또 자녀들이 잘되고 행복하기를 바라며, 부모(심리적으로 아주 잘못된 경우가 아닌 부모) 자신의 능력 안에서 최대한으로 노력한다. 하물며 자식 교육에 목숨을 건 한국 엄마들 중에 어느 엄마 치고 자식의 행복을 바라지 않겠는가? 특집 기사 중에서 특히 자녀 대신 인생을 사는 엄마, 엄마 왕따, 이중적인 가치와 태도, 유능한 엄마 강박증에 시달린다는 내용 등을 읽으면서 가슴이 많이 아팠다.

한국을 떠난 지 너무 오래되다 보니 내 생각이 잘못된 것일 수도 있다는 것을 전제하고, 한국의 전통적 교육은 도덕 교육을 바탕으로 지식을 쌓는 교육이었다고 본다. 도덕 교육은 도둑질과 거짓말, 살인을 하지 말라는 행동 규범의 수준이 아니라 공동체를 생각하고 인간을 널리 이롭게 하자는 '홍익인간'에 바탕을 둔 인성 교육이었다.

그런데 특집 기사 "외면당하는 인성 교육"을 읽으면서 지난 세월의 변화 속에서 한국 사회는 전통적인 교육 정신을 상실하고 미국보다도 부정적인 측면에서 더 미국화(?)한 것 같은 느낌을 받았다.

특집에서는 현재의 부정적인 현상에 강박증 엄마들이 많이 기여한 것으로 보고 있다. 그러나 사회의 구조적 모순의 잘못을 여성들에게 전가하여 엄마들을 희생 양으로 삼은 것이 아닌가 하는 의문이 들었다.

집단의 역기능적인 현상은 집단 내에서 가장 민감한 사람들이 문제 현상을 내재화하여 행동화하는 경향이 있다. 예를 들면 부부 생활에 문제가 있을 때 아이들이 부모의 문제를 내재화하여 우울증이 생긴다거나 문제아가 되는 것과 같은 것이다.

관계를 중시 여긴 위니코트는 청소년의 비행 속에 나타난 소망을 보았다. 이번 기회에 슈퍼 엄마 강박증이라는 문제를 통해 한국 집단 무의식이 요구하는 '홍익인간'의 소망을 사회적, 정치적, 교육적 측면에서 어떻게 회복해야 하는지 모색할 필요가 있다.

드라마를 통한 대리 만족

드라마를 통한 대리 만족

예나 지금이나 비즈니스는 역시 쇼비즈니스다. 한국에서 잘 팔린다는 배우들에게 지불되는 금액이 영화도 아닌 드라마에서 회당 600만 원을 넘고 미국의 한 인기 드라마는 배우들에게 회당 100만 달러를 지급하고 있다.

드라마의 성공은 시청자들의 무의식 속에 억제된 욕망에 대한 대리 만족의 정도에 따라 결정된다고 보면 틀림없다. 마케팅 전략 중 중요한 한 가지는 소비자들의 무의식적 욕망에 민감해야 한다는 것이다.

무의식이라는 것을 처음으로 발견한 프로이트는 인간이 가지고 있는 원초적 본능에는 두 가지가 있다고 보았다. 하나는 성욕으로 생명을 추구하는 것이라면, 다른 하나는 공격성으로 죽음과 파괴를 추구하는 것이라고 하였다.

원초적 욕망은 발산하고 싶은 대로 놔두면 사회는 질서를 상실하고 위험하게 되기 때문에 문화라는 수단과 부모와 교육 제도를 통해 자라면서 통제하도록 가치관을 형성시킨다. 덕분에 해결되지 못한 많은 원초적 욕망들은 무의식으로 내려가게 되고 무위식의 바다 속에 떠돌던 욕망들은 다양한 방법을 통해 해결한다.

그래서 그런지 요즈음 인기 드라마의 내용은 위험한 수위까지 내려가 성욕과 공격성을 다루고 있다. 시청자들이 죄책감 때문에 현실 속에서 차마 할 수 없는, 그러나 무의식적 욕망으로 이루어지는 것을 담고 있다. 이복동생과의 사랑(결국은 이복동생이 아니었지만), 여선생님과 고등학생의 사랑(졸업 후에 이루어진다), 첫사랑이던 친구의 남편과의 사랑, 이혼녀와 연하남의 사랑, 평생의 믿음을 배반한 남편의 사랑 선언(입장에 따라 별거 선언도 됨) 등……. 앞으로 사랑을 빙자한 어떤 이야기들이 더 나올지 궁금하다.

그러나 드라마도 시대 문화의 한 부분이기 때문에 문화의 도덕적인 면, 즉 위험한 욕망을 절제시키고 조정하는 기능을 하기 때문에 현실을 반영하는 것뿐 아니라 시대의 변천에 따라 사람들이 겪는 도덕적 딜레마를 처리할 수 있는 행동과 규범의 지침이 될 수 있는 방향이 있어야 한다. 따라서 드라마가 인기 있다고 한다면 어느 정도는 현실 속에서 많은 사람들이 갈등하는 도덕적인 측면을 카타르시스할 수 있는 방향을 나름대로 제시하고 있다고 할 수 있다.

현재 많은 드라마에서 공통적으로 다루고 있는 주 내용은 순수한 사랑은 모든 여건을 극복하고 승리한다는 것이다. 그러한 전개는 역시 순진한 사람들의 무의식적 소망의 투사 단계를 극복하지 못하고 있다. 현실은 그렇지 않은 경우가 더 많기 때문이다.

중년 주부의 우울증—헛되고 헛되도다

중년 주부의 우울증-헛되고 헛되도다

조선 시대까지 올라가지 않아도 30년 전만 해도 중년기 우울증이라는 단어는 한국 문화 구조와 사회에서는 흔히 들을 수 있는 용어가 아니었다. 농경 사회에서 여성은 중요한 역할을 담당했다. 여성이 없이는 농사도 가정도 무너져 내렸다. 따라서 당시의 여성들은 가족과 자식에게 자신이 얼마나 중요한지 알고 있었다. 그래서 죽는 순간까지도 최선을 다해야 했다. 그렇게 사는 가운데서 자신의 정체감과 자존감, 그리고 삶의 보람을 느꼈다. 또 그러한 여성상은 사회와 가정에서, 특히 자식들에게서 존경과 인정을 받았다.

40대 후반의 한 여성은 전문직에 종사하는 남편 덕에 경제적인 면에서 걱정한 적이 없었다. 아이들도 모두 공부를 잘했다. 그런 그녀가 상담을 요청하게 된 까닭은 불면증 증세와 속에서 치미는 허망한 마음 때문이었다. 가끔 가슴이 쓰리고 가족들이 자신의 고통을 몰라주는 것 같아 원망스럽고 눈물이 났기 때문이다.

그녀는 스스로 생각해도 자신이 이해되지 않을 때가 많고 설명할 수 없을 정도로 짜증나거나 피곤하다고 했다. 무엇이 잘못되었는지 모르겠다고 하였다. 그녀는 중년기에 쉽게 생길 수 있는 우울증을 앓고 있었다. 즉 "헛되고 헛되며 헛되고 헛되니 모든 것이 헛되도다 사람이 해 아래서 수고하는 모든 수고가 자기에게 무엇이 유익한고……"(전 1:2~3) 하고 괴로워하던 전도서 저자의 절규는 중년의 위기를 지나는 남자들만의 전유물은 아니다.

많은 중년 여성이 자신도 모르게 우울증을 앓고 있는 경우가 많다. 또 무의식적으로 우울증을 중화하기 위해 골프나 심한 경우에는 탈선의 관계에 몰입하기도 한다. 이를 중년의 위기라고 말하기도 한다. 중년의 우울증은 스스로 느끼고 있어도 주위에서 이상하게 보는 것이 두려워 감추는 것이 보통이다.

어떤 발단 단계에도 이름을 붙이지 않는 '위기'라는 단어를 중년에 붙였으니 중년기가 삶의 위기이기는 위기인가 보다. 그러나 위기의 뜻이 위험과 기회를 합친 것이니, 잘만 하면 성장의 기회도 되므로 중년기의 위기가 꼭 부정적인 것만은 아니다. 인간의 삶의 발단 단계를 연구하였던 대니얼 J. 레빈슨에 의하면, 인간은 어떤 발달 단계든지 전환하는 과정 중에는 위기를 겪는다고 하였다.

인간이 위기라고 명명할 때 그 속에는 불안이 늘 함께한다. 위기와 동반하는 불안은 미래에 대한 불안이기도 하다. 자신이 알던 것과 전혀 다른 어떤 것이 기다리고 있는데 꼭 집어서 무엇이라고 말할 수 없는 불안이다. 생존하고 통제하고자 하는 기본적인 욕구를 지닌 인간에게 미래와 자신의 존재의 불확실성은 반갑지 않은 손님이다. 따라서 중년기의 불안은 존재론적인 불안이기도 하다. 자신이 정신적으로 육체적으로 늙어가는 것을 인정한다는 것은 상실이며 고통이다.

또 수다스런 이웃 아낙네같이 부르지 않아도 찾아오는 반갑지 않은 중년기 우울증인 불청객은 평생 자신이 가치 있다고 믿고 투자한 모든 것이 아닐지도 모른다는 의심과 연관이 있기 쉽다. 숨이 막히고 기가 막히는 것은 시간도 얼마 안 남고 이제는 몸도 예전 같지 않은데 자신이 그동안 잘못 투자한 것은 아닌가, 잘못 산 것이 아닌가, 자신도 모르게 이용만 당한 것은 아닌가 하는 의심을 사실로 만드는 일들이 생길 때다. 예를 들면 남편의 외도와 자라면서 모르는 척하는 아이들, 직업을 가진 친구들의 확실한 삶의 영역 등이다.

중년기 우울증을 부채질하는 것으로 가치와 문화의 충격이 있다. 농경 시대의 풍습과 가치관을 그대로 가지고 있는 많은 중년 여성들은 다른 문화권에서 살고 있는 자식들과 남편의 존경과 인정을 받기가 쉽지 않다. 그 때문에 성숙한 정체감도, 자존감도 가지기 힘들다. 또 자신의 상실과 불안으로 화는 나는데 풀 수 있는 곳이 없으니 우울증이라는 달갑지 않은 손님과 동거할 수밖에 없게 된다.

주부의 우울증은 자칫 가족 전체의 침체화가 될 수 있다. 융에 의하면, 중년기는 외부로 팽창되었던 자신을 재정립하고 자신의 내면과 통합할 수 있는 단계이다. 따라서 우울한 사람들은 자신의 삶에서 재정립되어야 하는 부분이 있는가 살피고 가족에게 불만을 터놓고 이야기해야 한다. 그래야 탈선도 막고 더 심각한 우울증도 막을 수 있다.

천고마비 계절의 섭식 장애

천고마비 계절의 섭식 장애

가을 하면 천고마비의 계절이라고 하는데 이런 말을 하거나 들어본 지 꽤 오래된 것 같다. 이제는 살찌는 것이 이미 미덕이 아닌 사회가 되었기 때문인 것 같다.

며칠 전 신문에서 조연으로 밀려나던 미시족 여배우들이 주연으로 발탁되고 또 그들이 주연으로 나온 드라마가 히트하고 있다는 기사를 읽었다. 그것은 사람들의 기호가 변하고 있다는 말이다. 이제는 사람들이 더욱 현실적으로 되어가고 있다는 것을 나타낸다.

현실적이라는 것은 현실 세계와 상상의 세계의 차이를 줄이려는 것으로 어느 정도 심리적으로 성장해야 가능하다. 그런 측면에서 보면 한국 사회가 심리적 측면에서는 성장하고 있는 것 같다. 물론 예술의 세계에서나 미학이라는 차원에서는 현실과 상상을 어떻게 정의하는지, 또 심리적 차원에서 건강하다는 것과 거리가 있다.

단지 한국 드라마를 보면서 안타까운 것 중 하나는 한국 여배우들이 너무 지나치게 마르고, 건강하지도 현실적이지도 않은 몸매가 사람들에게 아름다움으로 비춰진다는 것이다. 특히 심리적인 구조가 약한 사람들에게는 악영향을 끼친다.

많은 젊은 여성들이 지나친 다이어트를 하여 섭식 장애를 겪는 데는 여러 이유가 있다. 요즈음은 할머니들도 몸짱이 되려고 한다는 것은 시사하는 바가 많다. 살을 빼고자 하는 데는 여러 이유가 있지만 가장 대표적인 것은 사랑스러운 존재로 보여지고 싶다는 사랑과 인정에 대한 욕구 때문이다. 다른 것은 무력감을 극복하기 위해 자신과 타인을 조정하고자 하는 힘에 대한 집착이다.

또 섭식 장애를 부추기는 심리적 역동은 자신의 실제 모습과 상상 속의 모습의 차이에서 생긴다. 즉 섭식 장애인 가운데 자신의 실제 모습이 상상 속의 모습보다 부풀려 보여(통통하게) 이미 날씬한데도 불구하고 계속 다이어트를 한다. 그래서 결국 생명의 위협을 받거나 건강을 해치고 생식 기능에 지장을 초래하기도 한다.

또 섭식 장애가 있는 사람들은 친밀한 관계를 맺는 데 어려움을 겪는다. 사랑받는 존재가 되기 위해 생긴 섭식 장애가 삶에 기쁨과 의미를 주고 원동력이 되는 사랑하는 관계를 맺을 수 없게 하는 아이러니가 생긴다.

천고마비의 계절이다. 역사 이래 요즈음같이 모든 것이 풍성한 시대가 없었다. 하늘이 높고 살찌는 말을 바라보면서 넉넉함을 즐기는 지혜가 필요하다. 섭식 장애인에게 체중 조절로 자신의 가치를 찾기보다는 자신은 사랑받기 위해 태어난 존재라는 것을 기억하고 삶 속에서 천고마비의 계절을 발견하고 즐겨보라고 말하고 싶다.

가정적인 아버지가 섭식 장애를 막는다

죽음을 부르기도 하는 섭식 장애는 대부분 사춘기에 시작한다. 에릭슨에 의하면, 이 시기는 정체성의 형성 기간이다. 정체성의 형성이란, 간단히 자신이 누구인가를 깨닫고 역할을 발견하며, 나아가 가족이 아닌 다른 사람들과 관계 맺는 것을 배우는 것을 의미한다.

정체성이 확립되지 않을 경우 다음 발달 단계인 청년기에 들어서 친밀한 관계를 맺기가 힘들어진다. 빛깔 없이 살던 모습에서 존재로서의 자신의 독특한 빛깔을 찾아가려는 사춘기 청소년들, 보통은 여자아이들에게 생명의 위협도 줄이고 자라서 친밀한 관계를 맺을 수 있게 도와주기 위해서는 부모, 특히 아버지의 노력과 관심이 중요하다.

많은 섭식 장애인의 경우 특히 아버지와의 관계가 부재되어 있거나 건강하지 않은 경우가 많다. 아버지가 가정적일 때 섭식 장애 문제는 거의 생기지 않는다. 아버지가 가정적이라는 의미는 가정과 아이들에게 관심이 있고 시간과 노력을 투자한다는 것이다.

아버지는 딸의 몸무게와 상관없이 존재로서 사랑하며 귀하게 여겨야 하며, 아내와의 관계에서는 아내를 존중하고 사랑하는 것을 아이들 앞에서 표현해야 한다. 그럴 때 아이들은 자신이 사랑받기 위해 태어난 존재라는 믿음을 가질 수 있다. 그리고 상상 속의 행복이나 몸매를 만들기 위해 자신을 파괴하는 섭식 장애가 아닌, 자신을 사랑하는 건강한 다이어트를 할 수 있게 된다.

혹 섭식 장애가 있다면 체중 조절로 자신의 가치를 찾기보다는 존재 자체로 정체성을 회복(형성)하고, 독특한 존재임을 인정하라. 그리고 본래적 의미의 아름다움과 상상 속에서의 아름다움의 차이를 좁혀 보라. 섭식 장애가 대물림하여 자라는 아이들이 보고 배우기 때문이다.

상실의 아픔

상실의 아픔

연도에 늘어선 사람들은 'Memorial Day' 퍼레이드에 참가한 경찰관과 소방관들이 지날 때 열광적으로 박수를 보내고 있었다. 지난 9월 11일의 사건을 기억하고 그들의 헌신에 박수로나마 감사하다는 것을 표현하며, 퍼레이드에 참가할 수 없는 희생된 영혼들을 생각하고 기념하고자 하는 것이리라.

이번 메모리얼 데이에도 얼마나 많은 사람들이 가슴을 아리며 지냈을까. 군인이나 9 · 11 테러로 사랑하는 사람을 잃은 사람들에게 이날은 힘든 날이다.

메모리얼 데이는 나라를 위해 삶을 바친 사람들의 희생정신을 기념한다. 사회적, 교육적 측면에서도 사회의 안정과 앞날을 위해 중요한 날이다. 심리적으로는 죽은 사람들을 위한 기념보다는 상실을 가슴에 안고 살아가야 하는, 살아 있는 사람들을 위한 날이다. 이날을 지키면서 애도와 슬픔의 표현을 충분히 하면 상실의 고통을 극복하는 것이 힘든 것만은 아니기 때문이다.

산산이 부서진 이름이여!
허공 중에 헤어진 이름이여!
불러도 주인 없는 이름이여!
부르다가 내가 죽을 이름이여!

……

붉은 해는 서산 마루에 걸리었다
사슴의 무리도 슬피 운다
떨어져 나가 앉은 산 위에서
나는 그대의 이름을 부르노라

설움에 겹도록 부르노라
설움에 겹도록 부르노라
부르는 소리는 비껴가지만
하늘과 땅 사이가 너무 넓구나

선 채로 이 자리에 돌이 되어도
부르다가 내가 죽을 이름이여!

사랑하던 그 사람이여!

사랑하던 그 사람이여!

김소월의 시 "초혼"을 보면 그의 상실은 참으로 컸던 것 같다. 그의 시에 배어 나오는 사랑에 대한 추억과 상실의 고통은 상실을 경험하는 많은 사람들의 애도의 표현이 되기에 충분하다. 그래서 그의 시가 사랑을 받는 것이리라.

상실의 아픔이 크면 클수록, 축적된 상실이 많으면 많을수록, 건강하게 상실의 애도 과정을 보낼 필요가 있다. 그렇지 못하면 상실의 아픔을 극복하고 건강한 삶을 살기 힘들다. 애도를 적절히 하지 못한 사람들은 상실 대상과 연결된 주관적 의미에 따라, 의미가 크면 클수록(스스로 로미오와 줄리엣으로 착각하는 경우) 상실 대상의 기억을 되살리는 상황이 되면 다시 가슴 앓고 또 앓는 고통으로 죽을 때, "부르다가 내가 죽을 이름이여!" 하고 외친다.

S는 어머니날 오랜만에 방문한 어머니와 반가운 재회를 했다. 주말을 함께 보냈다. 그런데 함께 있는 동안 특별한 사건이 없었는데도 우울증 증세가 다시 나타났다. 예전의 임신 중절 때문이었다. 어머니날에 어머니와 시간을 보내면서 임신 중절로 자신이 어머니가 될 수 없었다는(정체성과 꿈의 상실) 사실을 무의식적으로 애도하고 있었던 것이다.

어머니날뿐 아니다. 많은 사람들은 자신들의 특별한 날에 상실을 애도한다. 상실을 경험한 모든 사람들은 메모리얼 데이를 비롯해 어떤 형태로든 상실을 기념하는 날이 되면 무의식적으로 애도하거나 그리운 사람들을 기억하면서 슬픈 감정을 재경험한다.

심리학자 고든 바우어(Gordon Bower)에 의하면, 상실을 경험한 사람들은 과거 상실의 경험을 유추시키는 자극에 민감하다. 또 자극이 왔을 때 과거 상실의 감정을 재경험하게 된다. 즉 사실을 기억하는 것과 더불어 과거의 감정을 기억하며 현재화한다. 또한 현재 마음의 상태에 따라 특정한 기억을 하기도 한다. 즉 마음이 슬픈 사람들은 일반적으로 과거의 상실이나 슬픈 기억을 하며 더욱 슬퍼진다. 반면, 즐거운 사람들은 긍정적이고 기쁜 기억을 함으로써 더욱 긍정적이 되는 경향이 있다. 이런 현상을 감정과 일치하는 기억 현상이라고 한다.

따라서 상실을 경험한 사람들은 상실을 기념하는 날이 되면 마음의 준비를 하는 것이 필요하다. 슬픔이나 상실의 감정을 유발하는 요인을 피하고 즐거운 환경을 마련하면서 상실을 기념하는 의식을 하는 것이 바람직하다.

나아가 건강한 삶을 살기 위해서는 상실의 아픔을 넘어서 상실의 의미를 찾고 또 상실을 대체할 수 있는 무엇인가를 발견하는 것이 필요하다.

감사할 수 있나요?

감사할 수 있나요?

감사절을 맞이하면서 감사하기 힘든 사람들이 있다. 특히 일상생활 속에서 자신이 대처할 수 없는 폭력을 경험하는 사람들과 폭력을 행사하는 사람들은 마음에서 우러나오는 감사가 힘들다. 요즈음 폭력과 관련된 많은 사건들 중에서 많은 사람들에게 충격으로 다가온 사건은 프랑스의 모슬렘 이민자들의 소요 사태이다.

폭동 소요 사태의 시작은 당초 경찰을 피해 달아나던 십대 소년 2명이 감전사한 사고에 항의한 시위였다고 한다. 그러면서 사르코지 내무장관이 저소득 이민자들을 인간쓰레기라고 불렀고 그의 발언에 폭동은 일파만파로 번졌다. <르몽드> 지는 지금까지 차량 6,500여 대가 불탔고 체포된 사람은 2천여 명에 이른다고 한다. 이에 프랑스 정부는 강격 대책으로 비상사태를 선포했다.

비상사태를 경험해 봤던 많은 한인 이민자들에게 있어 비상사태라는 말은 듣기만 해도 등줄기가 오슬오슬해지는 단어이다. 그만큼 프랑스에서 이 사태는 심각한 것이다. 폭동 사태를 야기한 배경은 오랫동안 눈에 보이지 않지만 모슬렘 이민자들에게 가해진 차별 때문이라고 한다. 그들의 주장에 의하면 이슬람식 이름으로 취업에 응모했을 때 채용 과정에서 불이익을 당했다고 한다. 실제 통계에 의하면 프랑스인 대학 졸업자의 실업률이 5%인 데 비해, 이민자 특히 북아프리카 이민자 자손의 대졸자의 실업률은 26.5%가 된다고 한다.

그동안 평등과 박애를 주장하던 프랑스 정부에서 이럴 정도라면 인종 차별이 역사의 한 부분인 미국에서는 보이지 않는 다양한 종류의 차별이 어느 정도일까? 또 한인 사회에서는 어떤 양상일까?

모든 사람들은 자라는 과정 중 한두 번은 남에게, 많은 경우 집안이나 학교에서 차별받는 경험을 할 수 있다. 개인적 차별과 달리 사회적 차원에서의 차별은 제도적이고 문화적, 심리적 폭력이다. 폭력은 폭력을 낳는다.

차별이라는 폭력을 경험한 사람들은 자신의 존엄성에 손상을 입게 되어 자신을 증오하게 되거나 차별하는 사람들을 증오하면서 자신이 속한 그룹에 대해 지나친 자만감을 지니게 된다. 또 상황만 되면 폭력이라는 형태를 빌려 자신이 당한 폭력을 재현하여 무력감을 극복할 성향이 높게 된다.

인간의 존엄성을 무시한 비합리적이고 편견적 태도와 차별적 행동은 폭력 중에서 가장 잔인한 폭력이다. 편견이 특정 그룹과 거기에 속한 개인에 대한 비합리적이고 부정적인 태도라면, 차별은 특정 그룹원들을 향한 비합리적이고 정의롭지 못한 구체적인 행동이다.

사회적 차원에서 차별을 이야기할 때 인종 차별, 성 차별, 종교적 차별 등이 있다. 사회적 차원에서의 차별은 경제적 불이익과 연결된다. 프랑스 이민자들의 실업률은 프랑스인의 거의 5배이다. 실업은 가난과 연결되고 가난은 범죄의 온상이 된다. "가난은 폭력 중 가장 치명적인 것"이라고 한 간디의 말이 새삼 새롭게 들린다.

특정 그룹에 대한 차별 뒤에는 그룹 구성원들을 바람직하지 않게 생각하는 보편적 신념이 있다. 예를 들면 성 차별, 인종 차별은 차별받는 구성원들이 지능이 낮고 의존적이며 이성적이지 않기 때문에 책임을 져야 하는 리더가 될 수 없다고 보는 것 같은 것이다.

차별하는 사람들은 편견을 가진 사람들이다. 편견은 자신이 누구인가 하는 정체성과 관련되어 있다. 다른 사람들에 대한 차별과 편견은 자신에 대해 자신 없고 불안정하면 할수록 내적인 불안감을 해소하기 위해 생긴다. 즉 심리적 안정과 자신을 보다 바람직하고 의롭게 보기 위해 자기보다 못한 사람들이 필요하기 때문이다.

심리적 필요에 의해 생기는 편견은 어찌 보면 인간이 존재하는 동안에는 없어지지 않을 것 같다. 그러나 차별은 의식화를 통해 점차적으로 제도적으로 줄어나갈 수 있다. 골석이라는 심리학자가 조사한 바에 의하면, "미국 사람들 중에서 적당히 교회 다니는 사람들이 더 편견이 많고 인종 차별적이다. 그러나 믿음이 삶의 원리인 사람들, 규칙적으로 교회 가는 사람들은 덜 인종 차별적이다"라고 했다.

감사절이다. 프랑스 사태 같은 폭력 상황을 피하기 위해 이제는 심각하게 우리 안에 있는 불안정성과 남보다 잘나고 싶은 폭력적 욕구를 직시해야 할 때이다. 또 소수 민족끼리 심리적 도토리 키 재기는 더더구나 없어져야 할 때이다. 나의 약함을 인정하게 될 때 다른 사람들의 약함을 감싸줄 수 있게 된다. 약하기에 소중한, 적어서 더 풍성한 은혜가 감사의 시작이다.

감사절이 되면 내가 받은 축복을 하나씩 세면서 얼마나 남보다 나은 위치에 있나 알게 된다. 그런데 그러한 감사가 진실한 것인지 살펴보는 방법은 나보다 못났다고 생각하는 사람들이 나보다 잘되어졌을 때도 감사할 수 있는가를 살피는 것이다.

마음지기 삶

2006년 7월 20일 인쇄
2006년 7월 25일 발행

지은이 | 구미리암
발행인 | 이형규
발행처 | 쿰란출판사

주소 | 서울 종로구 이화동 184-3
TEL | 02-745-1007, 745-1301, 747-1212, 743-1300
영업부 | 02-747-1004, FAX / 02-745-8490
본사평생전화번호 | 0502-756-1004
홈페이지 | http://www.qumran.co.kr
E-mail | qumran@hitel.net
qumran@paran.com
한글인터넷주소 | 쿰란, 쿰란출판사

등록 | 제1~670호(1988.2.27)

책임교열 | 김향숙

값 9,000 원

ISBN 89-5922-239-9 03230